Crónicas humorísticas cubanas

Miguel Sabater Reyes

Crónicas humorísticas cubanas

Miguel Sabater Reyes

Copyrigth© 2013 Miguel Sabater Reyes

Todos los derechos reservados

ISBN-13:

978-0692344101

ISBN-10:

0692344101

Autor: Miguel Sabater Reyes

Edición y Maquetación: Armando Nuviola

Ilustración de Portada e interiores: Adrián Rodríguez Vázquez

Ilustración "El Funeral": Conrado W. Massager

PALABRAS DEL AUTOR

Los textos que forman Crónicas humorísticas cubanas fueron publicados en la revista Palabra Nueva de la arquidiócesis de La Habana. Se trata de una serie de crónicas costumbristas que recogen diversos aspectos de la vida cotidiana habanera, casi todas con un acentuado matiz humorístico.

La primera edición fue publicada por Ediciones Vivarium. La presente incluye todas aquellas crónicas más otras que han aparecido después en la revista, excepto una, titulada La duda, que se publica por primera vez.

*Me complace mucho que la editorial **"Unos y otros"** haga posible la aparición de este libro en Miami. Las realidades que se describen en mis textos son diferentes a las de aquí, pero la espiritualidad del cubano sigue siendo casi la misma en cualquiera parte de La Tierra.*

Creo que a cualquier cubano residente fuera de su patria no le costaría esfuerzo por comprender estas estampas de Cuba, a pesar de que todas ellas sean relativamente recientes.

He constatado aquí, bajo el cielo de Estados Unidos, como los cubanos continúan aferrados a su patria. No pueden existir sin su recuerdo porque la memoria cuenta, aunque a veces nos pese.

Miguel Sabater Reyes
Miami
21 de febrero de 2013

VERDADERA HISTORIA DEL BACHE,

EL DIENTE Y EL BARCO

Salía para el trabajo, metí un pie en el bache del frente de la casa, caí y solté el diente postizo (la espiga) que hasta ese momento me había acompañado en las buenas y malas comidas durante los últimos veinte años de mi vida. Después de buscarlo con ahínco, lo encontré en el jardín de la casa más próxima al bache; lo envolví en el pañuelo y me dirigí al policlínico.

El técnico de prótesis dentales era casi tan grande como el genio de Aladino, lento y con cara de cansado de vivir o trabajar (no sé cuál de los dos parecía pesarle más: si la vida o el trabajo). Anota con calma mi nombre en una libreta. Luego la cierra con la misma parsimonia, y sin mirarme me dice:

–Su turno es para el 6 de marzo.

Cuando llegaba a la casa miré el bache detenidamente y lo electricé con una de esas miradas bien cargadas de resentimiento.

No hice más que abrir la puerta, corrí al cuarto para mirarme en el espejo. Temía constatar cómo se vería mi rostro después de perder el diente. Así que fui abriendo los labios despacito como el telón de un teatro en la apertura de una obra; y cuando quedaron abiertos, aquella ausencia del diente en el lado derecho hacía resplandecer un hueco horrible.

Hace unos años, las calles del barrio estaban parejas. Llovía a cántaros y el agua corría feliz, sin dificultades. Podían pasar rastras cargadas con rascacielos que las calles ni se enteraban. Después apareció un bache aquí y otro allá, como esas islitas muy apartadas del océano de las que nadie se acuerda. Luego los baches empezaron a multiplicarse sobre la epidermis del barrio.

Por aquella época todavía un número considerable de vecinos asistía a las asambleas de rendición de cuentas del Poder Popular con el delegado de la circunscripción. Los baches eran un aspecto permanente a tratar en aquellas reuniones. Y el delegado volvía a repetir lo mismo: que el problema había sido elevado.

Como a veces alguien da la nota, un señor levantó la mano para pedir la palabra y decir que el problema de los baches lo habían elevado tanto que se había extraviado en el cielo, como el globo de Matías Pérez. A sus palabras siguió una estruendosa carcajada.

El delegado perdió la tabla y dio un puñetazo precisamente sobre la tabla de la mesa a la que estaba sentado presidiendo la reunión, y todo el mundo se puso serio.

Pero ya la gente no es la de antes. Muchas han perdido los pelos en la lengua. Y otro elector levantó la mano para pedir la palabra y dijo que, claro, como nuestro barrio no es uno de esos barrios importantes ni por nuestras calles pasan los grandes dirigentes, qué les importaba a las autoridades los baches, ni la falta de alumbrado público ni el parque, que era un desastre.

—Lo que hace falta —dijo una viejecita— es que Eusebio Leal coja el barrio para que se arregle.

Como el tema de la reunión empezó a irse por la tangente, el delegado tomó la palabra para terminar ese polémico aspecto de la agenda y pasar a otro no menos polémico y pendiente: los materiales para la reparación de las viviendas.

Hasta el 6 de marzo que tenía el turno para que me valorara el protesista, debí aprender frente al espejo a mover los labios para hablar en público sin que se me notara la falta del diente. No podía reírme, solo sonreírme y con la mitad izquierda de la boca, lo cual daba la impresión de que yo padecía una parálisis facial.

Por fin llegó el anhelado 6 de marzo. Me senté en la sala de espera de Estomatología. A mi lado estaba un señor de unos 60 años leyendo el periódico. De pronto se vira hacia mí para comentarme:

—Ahora van a incrementar la producción de leche de vaca.

—Qué bueno —le dije—. Pero la siguen quitando a los siete años. Tal vez por eso a los jóvenes se les están cayendo los dientes.

—Pues ahora van a producirla en grandes cantidades.

Pero como el tema no me interesaba y vi que al señor le faltaban todos los dientes, supuse que él también estaba allí por la misma razón que yo, y le pregunté:

—¿Usted sabe si ya empezaron a llamar para prótesis?

—Bueno, el técnico ha salido a llamar dos veces.

—¿Usted recuerda si llamó a Miguel Sabater?

—No. Llamó a dos mujeres.

En eso se abrió la puerta, salió el protesista y dijo mi nombre; pero en lugar de pronunciar Miguel Sabater, se equivocó y gritó para todo el salón: "Miguel Sabeatierra", por lo cual quise que se lo tragara la tierra, porque de Miguel Sabater a Miguel Sabeatierra es como de La Habana a Estocolmo.

Ya sentado yo en el sillón me preguntó qué me pasaba. Le expliqué que me había caído y había perdido la espiga.

—¿Cómo fue que se cayó: por sus propios pies o lo empujaron?

Me sorprendió mucho esta pregunta. Parecía más propia de un policía que de un técnico de prótesis dentales.

—Metí el pie en un bache —le expliqué.

—¿Qué bache?

—¿Cómo que qué bache? —le dije un poco incómodo—. Un bache que hay frente a mi casa y punto.

—Y punto no, compañero. Debe decirme cómo se llama el bache.

¿Pero qué iba a saber yo cómo se llamaba el bache? Ni siquiera sabía que los baches tuvieran nombres.

—Vamos a ver —dijo el técnico—. Deme la dirección del bache. Ahora tendré que molestarme y buscarlo en el directorio.

Me quedé muerto con eso del directorio. Tampoco sabía que

en La Habana existía un directorio de baches. Y como creí que me estaba cogiendo para sus cosas, le pregunté muy serio:

—¿Lo que usted está diciendo es verdad o una jarana?

—Óigame, ¿usted me ve cara de payaso?

—No, pero como todo esto me parece tan absurdo

—comenté.

—¿Y qué piensa usted, que la vida es de verdad tan razonable? Bájese de esa nube. No hay absurdo más absurdo que el mundo.

Le di la dirección del bache. Él la anotó con calma. Luego se paró y fue con mucha paciencia hasta un archivo metálico y sacó el directorio. Lo abrió, se puso a buscar con el dedo índice en la superficie del texto.

—Aquí está —dijo desde allá—. Ese bache que hay frente a su casa se llama Ruperto. Tiene dos años y medio, un metro y setenta y dos centímetros de diámetro, y setenta y seis centímetros de profundidad.

—Mira qué cosas tiene la vida —dije. Estaba tan maravillado con todo aquello que ya ni me acordaba de mi tragedia con el diente—. ¿Y qué tienen que ver los estomatólogos con los baches?—pregunté.

—Que hay una circular que obliga a conocer la causa de los accidentes de los pacientes, y como usted perdió el diente con un bache, eso hay que aclararlo en la historia clínica. Ahora abra la boca por favor que hemos perdido mucho tiempo. Sí —dijo después de examinarme la encía—. Se dañó considerablemente esa parte. Pero ahora no hay espigas.

—¿Entonces? —dije desencantado.

—Hay que esperar que llegue el barco.

—¿Qué barco?

— El barco en el que ya vienen los materiales estomatológicos.

—¿Y cuándo llega el barco?

—Ah, eso no lo sé.

Y me dio turno para el 25 de mayo.

Cada vez que iba llegando a la casa miraba al bache con recelo. "Si no hubiera sido por ti, no habría perdido el diente", le decía.

Cuando fui a la próxima consulta, el protesista me dijo que no había llegado el barco. Le pregunté por dónde estaría. Me respondió que oyó decir que por el Medio Oriente.

A principios de julio llegó al barrio un carrito con tres hombres, midieron el bache y lo retrataron. Yo venía de la carnicería de comprar el pollo que habían dado por la cuota de pescado (como si Cuba no fuera una isla), y aproveché para preguntarle a uno de los hombres si ya iban a arreglar el bache. Respondió que primero había que estudiarlo. Cogieron algunas muestras del interior del bache (piedrecitas y eso), las echaron en un beaker de laboratorio, me dijeron sobriamente buenas tardes y se fueron con tremendo misterio.

Eso sucedió exactamente el 5 de julio. El 17 de agosto regresaron. En esta ocasión armaron una casa de campaña sobre toda la superficie del bache, y los tres individuos se metieron dentro de ella casi tres horas. Esperé a que terminaran lo que solo Dios y ellos sabían que habían hecho, y cuando salieron me dirigí al que parecía ser el jefe para conocer si ya iban a arreglar el bache. Me respondió cortante que ese bache estaba siendo analizado.

Algunos vecinos empezaron a especular que tal vez debajo del bache habría monedas antiguas o un pozo de petróleo. Así que en cualquier momento les daba por realizar la ampliación del bache.

El 27 de septiembre en horas de la mañana, dos hombres con overol empezaron a taladrar el bache; le echaron chapapote derretido y se fueron. Entonces, parecía una piscina vacía, pero dijeron que no nos alarmáramos pues en unos días volverían para asfaltarlo.

Aún sentía por el bache un desprecio infinito, y como sabía que estaban a punto de cerrarlo, aproveché que permanecía abierto como una herida y le eché un montón de bibijaguas que cogí en un hormiguero.

Evidentemente este asunto ya me desquiciaba. No podía ver al bache sin deprimirme al recordar la pérdida de mi diente, ni podía ver la falta del diente sin enfadarme por la prolongada existencia del bache. Estaba a punto de ir a un sicoanalista, porque a menudo soñaba que me caía en el bache y me tragaba. Y en esas pesadillas tiré dos veces al piso a mi esposa Loló que dormía plácidamente en la cama, por lo cual me amenazó con que a la próxima iba a mudarse para el cuarto del niño, porque ya estaba harta —me dijo— pero muy harta del diente, del bache, del barco y hasta de mí. Así que, además de haber perdido el diente, estaba a punto de perder el matrimonio.

Por fin, el 21 de diciembre, el protesista me dice que aún no había llegado el barco, pero había entrado una donación de espigas desde Venezuela gracias a un convenio establecido con el ALBA, y vi los cielos abiertos. Mientras el protesista iba al almacén para buscarlas, me sentí el hombre más dichoso del mundo. Pero la vida a veces se empeña en jugar con nosotros. El técnico trató de colocarme cada una de las pocas espigas de las que disponía, y ninguna sirvió. Terminé con dolor en la encía, y el protesista me dio turno para febrero (¡al año de yo haber perdido el diente!), pues probablemente para entonces ya habría arribado el barco.

Esa tarde, cuando llegaba a la casa, desencantado —como tampoco habían cerrado el bache y por aquellos días llovió y se llenó de agua— observé con indiferencia a unos niños del barrio bañándose en él como si fuera una instalación recreativa, y me acerqué y le dije:

—Ganaste, Ruperto. Puedes convertirte en una presa que ya no me importas.

Al día siguiente bien temprano, me puse a revisar mi biblioteca privada. Aparté unas novelas de Mario Vargas Llosa, otras de Reinaldo Arenas y un ejemplar de la edición príncipe cubana de *Paradiso*. A este grupo de libros iba a agregarle un volumen con todos los artículos de Mariano José de Larra publicado por Ediciones Aguilar tipo bolsilibro, pero me quedé con él en las manos acariciándolo con la mirada, y qué va, eso me pesaría durante toda la vida, y lo dejé conmigo.

Por todo eso un librero de la Plaza de Armas me pagó veinte CUC, y con la energía que ellos me infundieron, fui caminando casi corriendo al policlínico para ver al protesista, y lo llamé en privado. Cuando me vio, me dijo incómodo:

—Ayer le di turno para febrero...

Pero no lo dejé terminar. Le enseñé discretamente el billete de veinte CUC. Al verlos tragó en seco y parpadeó varias veces como un semáforo intermitente. Luego hizo un gesto con la mano para que los guardara, y me mandó a sentar en el sillón. Fue a un escaparate metálico, abrió una gaveta, buscó y regresó con varias espigas para probármelas, hasta que una de ellas me quedó como anillo al dedo.

—Esta sí es la tuya —dijo muy animado—. Tiene hasta el mismo esmalte de tus dientes.

Me dio un espejo para que me viera como había quedado el diente, y efectivamente parecía natural. Luego, con mucha discreción, le entregué el billete, y para acabar esta historia con él a mi modo —pues me enferma callarme lo que siento—, me le acerqué al oído y le pregunté con delicada ironía:

—¿Y el barco?

Y me respondió con una naturalidad asombrosa:

—Dicen que se encalló en el Golfo Pérsico, pero usted sabe cómo aquí se manejan las noticias. Debe saberse, si acaso, el mes que viene.

—¿Y mientras tanto? —le dije—. ¿Los viejitos y esos que esperan por sus dientes?

—Imagínese —me dijo encogiéndose de hombros—. Tendrán que seguir esperando. Esto es como un naufragio: se salva el que puede, y el que no, toca fondo.

ALASKA

Durante la noche la muela no me dejó en paz. Había tomado todos los calmantes posibles. Una señora del barrio que tiene fama de curandera, me recomendó hacer buches con la infusión de cierta hierba. Pero todo resultaba inútil.

A la mañana siguiente no lo pensé dos veces y fui a la clínica estomatológica. La empleada que atendía en Admisión –con un nuevo estilo de trabajo, pues no se quitaba los audífonos– me dijo que los turnos para las extracciones ya habían sido distribuidos.

Me llevé las manos a la cabeza en gesto de que aquello era el colmo de la mala suerte.

–¿Le duele mucho? –preguntó notablemente sensibilizada por mi problema.

–No puedo más. Lo que tengo ahí es un perro con rabia.

Me preguntó el nombre y lo anotó.

–Siéntese allí. Voy a ver qué puedo hacer.

Esperé. Al rato me hace una seña.

–Vaya a la puerta tres y espere a que lo llamen. Lo atenderá la doctora Alaska.

Me pareció no haber entendido bien.

–¿Doctora qué? –pregunté.

–Alaska –respondió ella naturalmente, como si hubiera dicho Adela, María u otro nombre habitual.

–¿Alaska? –repetí.

–Alaska, sí, ¿por qué? –preguntó la empleada quitándose uno de los audífonos, pero solo uno y sosteniéndolo muy cerca del oído.

—No, por nada —agregué, porque después de aquella respuesta no había nada que agregar.

Llegué a la puerta tres y me senté en un banco frente a la consulta. La señora que estaba a mi lado conversaba con otra sobre las croquetas que se vendían por los años 70, las cuales se resistían a ser tragadas y se pegaban, rebeldes, en el cielo de la boca, pero a mucha gente le gustaban.

La añoranza de la señora me relajó llevándome al grato recuerdo de mis días de estudiante en Regla, en cuya cafetería El Yayo vendían aquellas croquetas con pan suave y un poco de mostaza, que yo devoraba después de seis turnos de clase, los dos últimos de los cuales casi siempre eran de la insoportable asignatura Educación Laboral. En ocasiones no había pan, y en la cartilla del menú aparecía la oferta de croqueta al plato, que era un modo de evitar decir croqueta sola.

En ese cómodo recuerdo andaba yo cuando me volvió a la cabeza aquello de Alaska, porque al inconsciente no hay quien lo distraiga.

Alaska, pensé. Casi no podía creerlo.

Uno oye decir Alaska y lo primero que le viene a la mente es una desierta superficie blanca, con iglúes y charquitos de agua helada alrededor de los cuales se entretienen las focas, que son los seres más felices de Alaska.

¿Estarían los padres de aquella mujer en sus cabales? Alaska es tan ajena al mundo y el mundo a Alaska, que me resultaba imposible encontrarle algún sentido a ese nombre.

Francamente estaba ansioso de que Alaska saliera a la puerta para llamar al próximo paciente y verle la cara. Pero la única persona que asomaba a la puerta era la asistente, una señora alta y delgada con cara de tener muchos problemas en su vida, quien salía con una tablilla en la mano para llamar a los pacientes de un modo crepuscular, dando la impresión de llamar a condenados a muerte.

Empecé a sentirme agredido por una incontrolable ansiedad. Cruzaba un pie. Luego el otro. Me echaba hacia adelante en el asiento. Me levanté. Di paseítos. Leí una serie de informaciones sobre higiene dental en un mural. Volví a sentarme. Traté de leer un periódico que había comprado a la entrada de la clínica. Pero la ansiedad seguía invadiéndome el alma como una de esas nubes negras que preceden a los temporales.

Para colmo empezó a secárseme la boca, lo cual era un mal síntoma, porque después de eso yo sabía que no había momento fijo para ir al baño.

Pronto me figuré a la estomatóloga con una personalidad flemática y taciturna, como la de los esquimales, y tan fría como los glaciares de Alaska; lo cual me hizo pensar en una mujer con potencialidades criminales. ¿Y si le digo que me duele esta muela y me saca otra?

En aquel momento descubrí que ya no me dolía la muela. Tuve la intención de abandonar el sitio. Pero la señora que estaba a mi lado no se callaba; era una especie de catarata de palabras engarzando una serie de temas —todos relacionados con la cocina—, y andaba recordando cuando en La Habana se vendían bacalaos y ella compraba hasta cuatro para secarlos al sol y comerlos en aporreado.

—Sin papa —contaba la señora a la otra, que no hacía ni podía hacer otra cosa que asentir con la cabeza, porque la primera no le daba tiempo a poner una—. Yo nunca le eché papa al bacalao sino mucha cebolla...

Evidentemente los temas de conversación de esta mujer eran como una versión muy libre de *Lo que el viento se llevó*. Pero yo quería y tenía que averiguar sobre la doctora Alaska. Y aproveché uno de los breves silencios en que la señora se detenía para respirar, y le pregunté sorpresivamente:

—¿Usted está para Alaska?

Parece que no me entendió bien porque me dijo:

—¿Alaska? No, mi'jo, adonde yo voy es a Estados Unidos para ver a mis hijos. A mí no se me ha perdido nada en Alaska.

—¿Y con qué dentista usted se trata aquí? —me apresuré a decirle.

—Me dieron turno para Yunisleydis.

—¿Por alguna casualidad es Yunisleydis Alaska? —pregunté con mucha expectación.

—No, solo me dijeron Yunisleydis; pero como los nombres de ahora son tan raros, no sé si es un doctor o una doctora. Me da lo mismo.

—Ah, sí —me limité a decir. Pero no. Yo no podía sacarme la muela con una mujer que se llamaba Alaska. Parecía contraproducente.

Fui a Admisión, y allí encuentro a la empleada sumergida en una laguna de música bombeada desde su MP3.

—Óigame —le dije de forma privada inclinándome hacia ella—. ¿La única doctora que puede resolverme el problema es Alaska?

—Sí. ¿Qué pasa?

—¿No hay alguna que se llame Florencia, Albania o algo así que suene a verso o cosa suave...?

—No.

—¿Y un médico? —le insistí.

—En este turno hay un médico mayor que se llama Eliodoro.¿Pero qué es lo que le pasa? ¿Tiene miedo?

No sabía cómo explicarle mi inquietud a la empleada. Pensaría que yo estaba loco. Pero más loco estaría si me dejaba sacar la muela con Alaska.

—Es que Alaska... —me decidí a comentarle pero entrecortado—. ¿Usted se ha puesto a pensar bien en ese nombre?

—¿Y usted se ha puesto a pensar en Eliodoro? Suena a inodoro.

—Pero Alaska... —continué aferrado a mi pavorosa idea—, Alaska da la impresión de sacar las muelas a lascas...

En mala hora se me ocurrió ser sincero.

—Óigame —me dijo la empleada tan incómoda que se quitó de un tirón los audífonos—, yo creo que usted la tiene cogida con los nombres modernos. ¿Cómo usted cree que yo me llamo?

Por un momento quedé sin habla. La empleada estaba muy

contrariada. Pero le dije:

—Tiene cara de llamarse Zoraida.

—Pues no —enfatizó poniéndose de pie—. Yo me llamo Destrosa.

—¡¿Destrosa?! –dije casi muriendo.

—Destrosa, sí, y a mucha honra, porque cuando nací, si no hubiera sido por esos sueros, me muero, y mi madre quiso homenajearlos.

En aquel momento ya la clínica era todo ojos hacia nosotros. Quise que el piso se abriera y me tragara. Pero recordé que en este tipo de situaciones tan raras lo mejor es moderarse, porque a veces es inútil exigirle a la vida que sea coherente.

De modo que, como si nada pasara, le di las gracias a Destrosa –en verdad ella había tratado de ayudarme–, y sin que ya me importara ver cómo era Alaska, me fui caminando muy, pero muy confundido para mi casa, pues tenía la impresión de estar metido dentro de un relato de Franz Kafka.

MIRANDO EL CRUCERO

El 5 de enero llegó al puerto de La Habana un crucero. Los cruceros son atractivos barcos cuya finalidad consiste en ofrecer viajes que tienen la mágica virtud de infundir en sus pasajeros sensaciones paradisíacas.

El primer viaje crucero se anunció en 1835 con una trayectoria que abarcaba Escocia, Islandia y las Islas Foroe. Dos años después se creó la primera compañía con el nombre de Peninsular Steam Navigation Company.

Hoy día alrededor de 280 compañías ofrecen unos 30 mil cruceros con 2 mil destinos diferentes por todo el mundo y variedad de itinerarios y tarifas que se adaptan a las necesidades de cada pasajero.

No hay que ser burgués para viajar en cruceros. La cifra de cruceristas anuales es de 16 millones.

Los barcos son muy diversos: desde trasatlánticos hasta pequeños, poseen variedad de instalaciones, múltiples servicios, y andan por mares y ríos exóticos.

El crucero que entró ayer al puerto de La Habana es del tipo trasatlántico: enorme y todo blanco. Con un poco de imaginación y buen apetito nos da la impresión de ser un delicioso cake de varios pisos.

Los turistas, en cubierta, miraban a La Habana con prismáticos, mientras el majestuoso crucero se deslizaba por la epidermis de nuestro histórico puerto, tan carente de barcos que parece consagrado a monumento histórico. Y un puerto sin barcos es como un jardín sin flores.

Cuando el crucero atracó en el muelle destinado exclusivamente a cruceros y yates privados, ya esperaba allí un equipo de corresponsales. Los turistas fueron recibidos por autoridades del Turismo, mientras un grupo de muchachos les regalaban uno de esos cubanísimos espectáculos musicales de ocasión.

Todo se filmó y luego pasó como noticia en el noticiero nacional de televisión.

Naturalmente los cruceristas se emocionaron. Sonreían y saludaban a los niños. No suelen ser recibidos con este tipo de acogidas cuando arriban a otros puertos del mundo, ya que en todo el mundo la presencia de un crucero es un hecho tan cotidiano que no puede ser noticia.

No estamos acostumbrados a ver cruceros. Y tampoco los tenemos. Por imponderables de la historia nos tocó bailar con las más feas, pues nuestro desarrollo ha sido como un rollo que apenas se desenrolla. Cuando parece que vamos adelante: ¡bum!, siempre algo lo detiene. Se parece al cuento de La buena pipa en que siempre comienza pero nunca termina.

Pues resulta que, visto el crucero por el noticiero, hay quienes tomaron la noticia como una invitación para asistir a un espectáculo público; como si en lugar de un barco lo que hubiera en el muelle fuera un enorme chimpancé atado con cadenas.

Hasta mi esposa se ha puesto de acuerdo con varios miembros de la familia para ir a ver mañana al crucero.

Pero yo no voy a verlo. Ya una vez llegó uno al puerto y de tanto mirarlo y mirarlo el corazón se me fue haciendo una pasa.

—Caca —me sorprendió una voz dentro de mí—: se mira pero no se monta.

J. B. SOÑABA CON LIVERPOOL

Internet es un nuevo género de varita mágica. Entre la infinitud de gente que invocan a esta moderna Hada madrina están los cazacorazones. Provistos de una reseña autobiográfica y una foto, echan a navegar sus almas hacia donde mejor pudieran llevarlas sus comerciales románticos por el ciberespacio.

En esta bolsa internacional del amor no falta la flota de navegantes cubanos. Mirando sus fotos advertimos varones y hembras cuyas edades oscilan entre 18 y 50 años. Se presentan en poses premeditadamente sensuales con las que pretenden cautivar almas hambrientas de pasión y ternura.

En sus menú autobiográficos todos refieren ser románticos empedernidos, les gusta el cine y la literatura, bailar y pasear en sus ratos libres. Como plato fuerte se autoproclaman amantes ardientes.

Algunas víctimas empiezan a morder la carnada y finalmente la abandonan. Pero otras se tragan el anzuelo de tal modo que en poco tiempo ya están aterrizando en Rancho Boyeros, donde su media naranja espera con un ramo de flores.

Así le sucedió a mi amigo J.B., profesor de inglés, un tipo de inteligencia feraz y profesionalismo competente. Se la pasaba soñando proyectos para su vida, y cuando más contento estaba, plaff, los cañonazos de la realidad se los pulverizaban.

Un día, mientras comíamos en el Ranchón de Brisas del mar, me dijo:

—Estoy cansado de fracasar y no merecerlo. No tengo un cabrón familiar que me saque del país. Tampoco valor para irme en una lancha.

J.B. no era pesimista. Por lo contrario se empeñaba con afán en cualquier empresa. A su clase de inglés le ponía toda el alma. Metabolizaba la vida con buen humor y optimismo. Pero ese día en el Ranchón habían quitado aquel y puesto a otro.

No entendí el súbito punto de giro de J.B. Me desayuné con aquella nueva idea suya de emigrar. Nunca se me había ocurrido que él llegara a querer resolver sus dificultades de ese modo.

—¿Entonces? —le dije, porque había quedado mirando al mar fijamente— . ¿Qué vas a hacer?

—Irme.

—¿Irte? ¿A dónde?

—¿Cómo a dónde? A Europa.

Era un ardiente admirador del viejo mundo y fan de Los Beatles. Tenía todos sus discos y dos álbumes con sus fotos. Buena parte de las paredes de su cuarto las había cubierto con afiches del grupo. Uno de sus anhelos más altos era visitar Liverpool.

—¿A Europa? —le dije—. ¿Y cómo?

—¿Cómo? ¡Internet!

A mí todo esto me pareció un buen cuento improvisado. Pero ya J.B. andaba alternando la docencia con la pesquería digital. Por el día daba clases de inglés; por las noches navegaba en Internet cazando corazones. Se había registrado en una base de datos mediante la cual intercambiaba criterios, impresiones y sentimientos con diversas mujeres.

Su primera pesca fue una canadiense. Me enseñó su foto con entusiasmo.

—Dentro de poco viene a conocerme —me confesó—. Tengo que empezar a comer mucho huevo de carey y ostiones.

J.B. le envió un video donde él caminaba por la orilla de Santa María del Mar en short y sin camisa hablándole con tono de locutor, mientras andaba con una prestancia que parecía estarse creyendo Marlon Brando a los veinticinco años. Pero cuando ella vio el video parece que le echó guindas al pavo. Él insistió escribiéndole, pero la canadiense no le respondió jamás.

Su segunda pesca fue una española de Galicia de oficio peluquera, a quien J.B. manipuló con otro procedimiento. Le hizo llegar una ráfaga de poemas románticos que conmovieron a la gallega, quien se tomó vacaciones y vino a Cuba para conocerlo.

Del aeropuerto se fueron directo a Varadero, donde los dos primeros días él la pasó divino. Al tercero fue la vencida. Ella aceptó una invitación para comer que le hizo el salvavidas del lugar donde J.B. y ella solían bañarse y tomar sol. J.B. le explicó que en Cuba eso de estar con un hombre y aceptarle a otro una cena no era un hecho normal. Pero ella le aclaró que en su opinión las cosas eran muy diferentes. Le puso cien dólares en la palma de la mano y le dio las gracias por haberlo conocido.

Salió del hotel más muerto que vivo, desconcertado por la rapidez con que aquel otro buitre le había levantado la presa.

Pero no se dio por vencido. J. B. era de armas tomar. Había que darle candela como al Macao para que desistiera de sus propósitos.

Pocos días después de haber perdido la presa en Varadero,

contactó en Internet con una alemana de Fráncfort. Le llevaba a J.B. 14 años, y en el email le decía que se había conmovido escuchando el poema que él le recitaba en inglés con fondo de un Nocturno de Chopin.

Pasaron cuatro meses, y en diciembre de 2003 ella vino a Cuba por quince días, durante los cuales él no le perdió pie ni pisada. El encuentro, feliz, creó todas las condiciones para que en la próxima visita se casaran.

Estuve casi un año sin saber de él. Creí que, como tantos otros que se van, se había comido el bocadito del olvido; pero no. Resulta que ayer recibí una foto en la que se le ve sentado en un parque. En el reverso me dice:

"Estimado Miguel:

Aquí me ves, realizando este viejo sueño de estar en Liverpool, la cuna de mis Beatles."

Lo logró. Cada loco con su tema.

EL VIAJE

Una vez que el hijo preparó lo necesario, díjole su padre: "Parte y Dios, que mora en los cielos, os dé feliz viaje y un ángel os acompañe"

Tobías: 5: 16

El gran problema de mi vida –y lo saben casi todos los que me conocen– era coger un avión. Tan inquietante era mi preocupación que cuando me despedí de mi esposa para pasar a la cabina donde me revisarían los documentos en el aeropuerto, les advertí a ella y al chofer que no se fueran hasta después del despegue, ya que cabía la posibilidad de que, aun cuando estuviera sentado en el avión, los nervios me dieran por bajarme.

A las 9 y 30 de la noche había despachado mi maleta, para asegurarla tuve que pagar diez CUC, ya que este servicio–aunque lo hace una máquina rápida y automáticamente–tiene algo de alpinista, pues va subiendo pero de precio. Antes costaba cinco CUC. Ahora el doble. Hicieron un trabajo de aseguramiento tan pero tan acabado en mi equipaje, que cuando llegué a Pamplona al día siguiente a las once de la noche con un frío de diez grados que me hacía mover los dientes como una castañuela, y un cansancio infinito, no había modo de que pudiera abrir la maleta. El aparato aquel del aeropuerto había comprimido ferozmente el cierre, por lo que el dueño de la pensión donde yo acababa de hospedarme, tuvo que asistirme para abrirla con una pata de cabra; razón por la que la maleta–seguramente muy dichosa en su desventura–se quedaría en España con tremenda contentura.

Mi madre me había dado una colección de sicofármacos para que yo me los administrara antes y durante el viaje, la pobre. Pero yo los llevaba en el bolsillo de la camisa sabiendo que no los tomaría, pues las pastillas pueden quitar los dolores, pero nunca los temores.

Para ver bien a mi enemigo el avión, salí un momento del aeropuerto y lo contemplé en la pista, donde ya estaba junto a la rampa de acceso. Me impresionó muchísimo. Era un majestuoso Airbus de Iberia A-340 con 74,8 metros de largo, casi una cuadra, y capacidad para 350 pasajeros, que puede volar hasta 12 700 kilómetros sostenidos... Una especie de bestia volante dentro de la cual yo, desamparado claustrofóbico, tendría que permanecer nueve horas y media; es decir, 570 minutos cerrado en un gran tubo dotado con muchos asientos para recorrer 7 453 kilómetros de La Habana a Madrid, cuando yo no puedo soportar un minuto encerrado en un ascensor para subir cinco metros. Una situación tremenda, de esas que le dicen límite en la vida de cualquiera.

Mirando aquel monstruo de acero reposando allí sobre la pista, se me quitó el deseo de ir a España. Pero al mismo tiempo se imponían demasiadas razones para ir, pues yo había pasado tres meses yendo y viniendo de un lugar a otro en gestiones de papeles para este viaje de trabajo por la Iglesia. En esas diligencias me sucedieron cosas inauditas, como el inexplicable extravío de mi carta de solicitud de liberación profesional dirigida al ministro del CITMA para poder salir de Cuba, por lo cual tuve que hacer una nueva solicitud, en eso pasaron 28 días y perdí el primer pasaje.

Luego perdí el segundo, porque la oficina de Emigración, por razones estrictamente profesionales, se toma todo su tiempo para autorizar las salidas, ya que Cuba–creo–es el único país donde para viajar hacen falta dos visas: la del país de destino y la del Estado cubano, esa célebre tarjeta blanca que si no la llevas en el pasaporte no sales ni por lo que dijo el cura.

De modo que, pensándolo bien, este viaje había costado mucho estrés y otras cosas. Así que había que llevarlo a cabo, o por lo menos intentarlo. Si luego en el avión me daba el ataque, ya no quedaba por mí sino por los nervios.

A las diez de la noche me despedí de los míos apenas decidido a pasar a eso que las autoridades llaman la frontera. La frontera es el área inmediata a la puerta de embarque. Deben decirle así porque es donde uno tiene un pie en Cuba y el otro, y ya toda su mente, en el país de destino. Muy emocionante la frontera, pero en la cafetería se me ocurrió comprar dos maltas para llevármelas y me las cobraron al doble del precio extrafronterizo.

Me hicieron el chequeo de rigor. O sea, tuve que observar a una cámara detenidamente, miraron mi pasaporte y mi simpático rostro en la foto, y luego volvieron a mirarme con gravedad. Y cuando pasó todo ese proceso de control tan requeté controlado–en el que parece que uno no va para un avión sino para una cárcel, porque los empleados te miran con cara amarrada y nadie te echa una atenta sonrisa– , vino el otro control que es el chequeo de lo que uno lleva en los bolsillos y el equipaje de mano; en el cual me preguntaron por qué llevaba tantos sicofármacos, y respondí que para complacer a mi madre que no era precisamente siquiatra sino siquiátrica, la pobre, porque estaba sumamente preocupada por mí con ese viaje. Luego les tomé una foto a mis familiares y les dije adiós a través de ese cristal que le dicen la pecera, me fumé un cigarro en el fumadero; y como vi que ya en la sala de espera no había pasajeros, todos habían abordado el avión, apagué el cigarro pensando: "Bueno, Señor, llegó el momento".

Me tocaría viajar al fondo, donde me habían dicho que se escuchaba más el ruido, y en la fila del medio formada por cuatro butacas. La mía daba al pasillo. Coloqué mi mochila en el guardabolsos y me dejé caer en el asiento como quien se sienta en la silla eléctrica.

A mi lado se sentó una señora de unos sesenta años que mucho después supe que venía de Guatemala. Sentí unos deseos tremendos de confesarle que tenía un miedo terrible con la esperanza de que tratara de consolarme. Pero no me dio tiempo. La mujer se puso el cinturón de seguridad cuando todavía no había que ponérselo, se echó la manta sobre ella, cogió la almohadita, la apoyó en uno de sus hombros, recostó la cabeza y no volvió en sí hasta dos horas después, cuando la aeromoza la despertó para la cena. Y después de la cena volvió a dormir hasta que la aeromoza la llamó para el desayuno. Y después del desayuno no volvió a despertar hasta que yo mismo le avisé que habíamos llegado a Barajas, de lo contrario habría regresado a La Habana. Tenía que haberse tomado 500 mg de amitriptilina o tendría una anemia tremenda.

Mientras la gente se acomodaba en el avión, yo acariciaba la esperanza de que si me daba el ataque de pánico todavía estaba a tiempo de bajarme. Pero en eso se escuchó la voz del comandante de la nave que dijo: "Señores pasajeros, recogemos rampa y cerramos puerta".

En ese momento me sentí como un muerto que podría tener conciencia de su funeral y de pronto ve que le tapan el sarcófago para llevárselo definitivamente al cementerio, donde ya sí no hay arreglo. Me abroché el cinturón, que después no pude zafarme durante cuatro horas porque no sabía quitármelo y me daba pena que me vieran trasteándolo; de modo que tuve que cenar con él puesto..., un hecho histórico de la aeronáutica.

El avión había empezado a moverse despacio por la pista. Estuvo como diez minutos en eso. Luego el comandante anunció que estábamos en la pista de despegue (porque te lo van narrando todo, para colmo de espanto). Entonces pensé: "Ahora es cuando de verdad empieza la cosa", porque aquello fue cogiendo una velocidad tremenda mientras el ruido era enorme, hasta que sentí que se levantaba de la tierra para entrar en los predios abismales del cielo...

Me había pegado bien al respaldo del asiento. Estaba tieso, con la cabeza hacia atrás, las manos como garfios aferradas a los posabrazos, los ojos cerrados y haciendo 24 nerviosas muecas por segundo; mientras sentía que se me comprimían los oídos y el estómago me daba unos súbitos cosquilleos... De madre.

Estaba esperando el ataque de pánico que desde hacía muchos años había previsto para cuando tuviera que afrontar esta difícil experiencia. Pero la vida no hay quien la entienda; pues cuando el avión subía y subía lo que me dio fue por pensar que nunca antes había estado tan lejos del mundo y tan cerca de Dios, mire usted, lo cual me puso un poco sentimental y filosófico. De modo que, mientras la guatemalteca feliz daba unas roncaditas, a mí se me salían unas lagrimitas... Qué escena. La claustrofobia se me fue para el dedo gordo, y del dedo gordo me fue subiendo y dominando una insólita avidez de conocer el mundo.

El aeropuerto de Barajas es un monstruo urbanizado. Fue ampliado considerablemente en tiempos de Franco, y francamente lleva esa impronta de la desmesura de los dictadores. Demasiado aeropuerto. Uno camina y camina por él buscando la salida y parece que siempre va a ninguna parte. Llega un momento en que se tiene la sensación de estar perdido, y es cuando te encuentras a las autoridades para chequearte los documentos. Pero te das cuenta de que solo estás en la mitad del camino, porque sigues andando para bajar a un subterráneo y coger un metro que atraviesa un intestino oscuro y largo, y cuando te bajas, sigues caminando, y solo entonces das con la estera donde están las maletas.

Finalmente uno sale a la calle y le parece como si hubiera resucitado. Era el 17 de junio pero en Madrid aún había frío. Caminando por la ciudad sentí que la urbe me aplastaba.

Como tenía cinco horas de espera para coger el tren hacia Pamplona en la monumental y céntrica estación de Atocha, no perdí un minuto para ir a la casa donde Cervantes había vivido sus últimos tiempos. Después me dirigí al convento de las Trinitarias Descalzas en el que Cervantes fue sepultado, pero los envidiosos de su talento se encargaron de hacer desaparecer sus restos, porque así es el mundo: siniestro y malvado.

Aún tenía tiempo y fui al Museo del Prado, pero como no pude entrar porque estaban a punto de cerrarlo, me senté en un banco aledaño, donde encendí mi primer cigarro en Europa y quise ponerme cómodo para disfrutarlo. Me deslicé un poco hacia delante, crucé el pie y empecé a contemplar el paseo. Y lo primero que se me ocurrió pensar no fue que estaba en el Prado de Madrid como siempre lo hube anhelado, sino que tenía 50 años, y que a esa altura de mi vida, que es la gran parte de cualquier vida, es que había logrado ver algo más que mi país. Le zumba el mango.

Lo demás lo escribí en un diario noche tras noche en Pamplona, Sevilla y Barcelona, lo cual me hizo sentir menos solo. Porque a 7 500 kilómetros de nuestros seres queridos, con toda la portentosa novedad con que el mundo nos asombra, nos conmueve y marca para siempre–pues a partir de entonces ya no seremos los mismos– , la nostalgia cuenta, a pesar de todo.

LAS VACACIONES

El anhelo de que nos suban el sueldo, mejoren el almuerzo en el comedor obrero y las vacaciones, son algunas de las grandes esperanzas de los trabajadores.

Saber que podemos hacer lo que nos plazca en cada uno de esos 30 días anuales que nos tocan de descanso, sin la presencia y exigencia de nuestros jefes, claro que nos reconforta. Es como si de pronto saliéramos del régimen de un palenque para entrar de lleno al cimarronaje, aunque no por mucho tiempo. Porque con las vacaciones sucede a veces lo mismo que con nuestras horas de sueño: la mejor parte es precisamente cuando se nos están acabando.

No hay discusión sobre las numerosas razones en que se fundamenta el derecho sobre las vacaciones. La discusión empieza cuando analizamos las vacaciones en sí mismas, ya que pudieran llegar a ser tan angustiosas como una pesadilla.

Tal es el caso de la casa en la playa, una de las habituales opciones de verano. Pero si cometes el desliz de dar la dirección..., olvida el tango y canta bolero; porque no hay nada más parecido a un pan con azúcar invadido de hormigas que una casa en la playa. A esa hora todo el mundo va a tu encuentro desde todos los confines de la tierra; incluso los que nunca te visitan ni te llaman por teléfono con el cuento de que la vida es tan agitada que no hay tiempo para nada. Pero sí para aparecérsenos en la playa. Y lo curioso es que esa gente llega con un entusiasmo tremendo, como si de verdad nos complaciera su visita, como si su presencia nos pusiera muy contentos. Llegan con la cabeza cargada de planes pero con las manos vacías. Dicen que vienen a pasarse unas horas, y si después de darles almuerzo no te pones duro, comen por la noche y permanecen en la casa aunque no haya camas suficientes, pues duermen sobre balsas infladas o en el suelo. No les importan los medios sino el fin: quedarse hasta el día siguiente.

La primera forma de manifestarse las vacaciones es como una añoranza. Este es el momento en que la gente suele decir: "Qué deseos tengo de coger vacaciones."

Cuando ya van acercándose, surge lo que pudiera llamarse el escozor mental de las vacaciones, bajo cuyos efectos el trabajador ya apenas rinde en su jornada, pues para lo único que tiene cabeza es para pensar que pronto saldrá de descanso.

La última fase de ese proceso es el alumbramiento de las vacaciones, recién nacidas justamente esa mañana en que sentimos la feliz certidumbre de que no tendremos que vérnosla con la guagua o la botella, ni la preocupación de si a pesar de nuestro esfuerzo por llegar temprano nos pasan la raya roja en el libro de asistencia. Y luego saber que estamos lejos –aunque solo por un corto tiempo– del dime que te diré del mundo del trabajo, cada vez más dominado por ese cáncer social que es el chisme del subordinado sobre el jefe, o del jefe con los otros jefes, o entre empleados, hasta el punto de que se tiene la impresión de que nadie quiere a nadie, y de pronto –por obra y gracia de la hipocresía– todos parecen quererse... ¡No digo yo si todo eso no eleva el estrés a grados alarmantes, acrecentando la urgencia de las vacaciones!.

Los primeros días de vacaciones todo es color de rosa, pues como el cobro fue reciente, florecen las ilusiones. Se hacen planes de todo tipo, pero después de dos o tres paseos uno constata que el calor y el transporte son insoportables. Además todo el mundo va a los mismos sitios: la playa, el acuario, el jardín botánico, la cámara oscura, las rutas y andares, la maqueta de La Habana..., y aunque es verdad que los niños son la esperanza del mundo, los adultos no estamos preparados para tolerarlos con sabía paciencia durante más de dos horas sostenidas.

Como todos o la mayor parte de los miembros de la familia están en casa, hay que darles desayuno, almuerzo y comida, y el dinero nunca dio para tanto, por lo menos el que ganamos trabajando. La suerte es que en este tiempo quedan papas en el mercado, y si no ha pasado algún ciclón todavía hay plátanos y huevos.

Este es el momento en que para algunas personas sus proyectos de verano se convierten en un jardín de rosas mustias, y deciden quedarse en casa viendo la misma vida del barrio pasar y el barrio viéndolos pasar con la misma vida, en compañía de la televisión de verano, los muchachos pidiendo dinero para comprar tamarindos, mangos, durofríos y cuanta cosa venden los vecinos para defenderse de la inclemencia financiera. Los niños abren y cierran el refrigerador cada cinco minutos para tomar agua, y nosotros peleándoles, porque además de que se gasta corriente y dinero, el congelador de esos refrigeradores chinos hace más hielo que Alaska. Los muchachos sin embargo tan felices..., pero exactamente lo mismo hicimos nosotros hace años...

Uno comprende entonces que si de verdad existen vacaciones es para ellos, porque a nosotros ya el almanaque nos pasó la cuenta; tuvimos que aprender que la vida es como un campo minado, por el que hay que andar con mucho tiento. En cambio ellos todavía conservan la inocencia, que es como un estado de gracia, porque todo se ve color de rosa. Luego, el primer día de clases, el maestro les pregunta cómo pasaron las vacaciones, y todos comentan entusiastas que fueron muy interesantes, aunque gran parte de ese tiempo hicieran precisamente lo mismo que el resto del año: mataperrear por el barrio.

Los que tienen parientes en el campo aprovechan para verlos y así salen del mismo entorno. Ir al campo o alquilar una casa en la playa representa la opción imposible de irnos de vacaciones al extranjero. Sin embargo el Estado promueve que los extranjeros vengan a pasar sus vacaciones a Cuba.

Si se tiene moneda dura, las vacaciones serán blandas como un colchón de agua. Si lo que se tiene es moneda blanda y no mucha, las vacaciones son más duras que una raspadura.

Después, el primer día de trabajo, todo el mundo habla de sus vacaciones. Es como un día feriado, pues nadie trabaja y se lo pagan. Siempre habrá quien fue a Guanabo y dijo que estuvo en Varadero, o el que pasó unos días en Tropicoco, que está en Playas del Este, y cuenta que fue a Cayo Coco, llenando con su imaginación el vacío de sus frustraciones.

Las vacaciones son tan necesarias que hasta el Papa se las planifica. Lo que pasa es que el Papa nunca se queda en el Palacio Vaticano. Se va a descansar como Dios manda, lejos del lugar donde trabaja y vive, de lo contrario no tendría vacaciones.

A pesar del calor, las guaguas, los muchachos y no poder hacer todo lo que deseamos, uno agradece las vacaciones. En ellas nos sentimos como el buey cuando le quitan la carreta, que empieza a andar a su antojo por los campos como si le hubieran regalado el mundo. Pero no por mucho tiempo. Porque lo increíble de las vacaciones es que, después de tanto haberlas deseado –como la paradoja del cuento de tócame Roque pero no me toques– hay un momento en que queremos volver al trabajo, lo añoramos.

¿Quién nos entiende?

EL PARQUE

Cuántas veces uno ha escuchado que el perro es el mejor amigo del hombre?

¿Y el parque? ¿En qué categoría sentimental lo incluimos? ¿Qué es el parque sino un buen amigo, tan fiel, dócil y acogedor como el mejor de los perros?

¿Quién se atrevería a asegurar que nunca necesitó de un parque? Aquel que jamás haya visitado ese ámbito único provisto de bancos, árboles y flores que lance la primera piedra. Posiblemente no la tire nadie. Y si alguien se atreve y la tira que no lo haga contra un parque, porque ellos son como un pan con ojos.

Llegaron a ser tan necesarios para la vida social como la iglesia y la casa de gobierno, pues cada ciudad, pueblo o barrio no dejó de incluirlos en sus diseños.

Aunque el parque se concibió para aliviar al hombre del agobio en el que lo sumen las tensiones cotidianas, con el tiempo se diversificaron sus servicios.

En Cuba, por ejemplo, hay quien lo usa como estación cuando va de camino a casa con una jaba pesada y se sienta en un banco para mitigar la fatiga.

Existen quienes lo emplean como observatorio. Uno cree que esas personas están sentadas allí cogiendo fresco, y lo que en realidad están haciendo es mirar el movimiento de la gente en el barrio.

Hay quienes consideran al parque como una agencia de noticias. Desde temprano se sientan allí para informar o ser informados sobre los últimos acontecimientos de la comarca; mientras otros, como los jubilados, se reencuentran en él cada mañana en una especie de cita con su pasado.

Sin embargo, existen personas que convierten al parque en

una singular valla de gallos. Este es el caso del Parque Central, donde un activo grupo de personas polemizan sobre pelota.

Si el parque está cerca de un colegio, algunos lo usan como plaza comercial, y se estacionan allí para vender caramelos, cucuruchos de maní, rositas de maíz o pan con algo.

No faltan los que se hacen raras ideas de lo que es un parque y lo convierten en una pradera africana, pues van a él en misión de safari erótico. Estas personas realizan sus cacerías mediante inusuales intercambios de miradas y raras conversaciones que presumen de filosóficas.

Hay otros que ven al parque como un islote destinado a recibir a los náufragos de la existencia. Este es el caso de los que habitualmente, por diversas razones o sinrazones, amanecen horizontales en un banco del parque.

Y como en la viña del Señor hay de todo, no faltan los que convierten al parque en una suerte de piloto de barrio donde se dan cita para "bajar" dos o tres botellas de ron; lo cual no le gusta ni un poquito al parque ni a nadie, ya que esas reuniones, que comienzan siendo muy fraternales, a veces terminan en tragedia.

Si el niño está majadero mientras mamá cocina, papá lo lleva al parque.

Cuando a las seis de la tarde el domingo nos oprime con ese aburrimiento insoportable, liquidamos la depresión en un banco del parque.

Hay quienes identifican ese espacio de recreo con el Paraíso, ya que viven en ambientes hogareños lamentablemente infernales, y van al parque a desconectar porque allí nadie los abruma con quejas o peleas.

Comoquiera que sea, el parque siempre es apreciado como un aliado y un abrigo. No hay uno de ellos que haya rechazado a nadie. Por el contrario, están ávidos de gente.

Resulta que en ciertos establecimientos públicos los empleados maldicen la afluencia de gente porque aumenta el trabajo. El parque no. Mientras más personas lo visitan, más se complace. No entiende de condiciones. No le importa si piensas en rojo o en verde, si eres católico, protestante o ateo. Acoge al niño, al anciano, a los novios, al matrimonio, los amigos, al solitario y hasta al enajenado.

Con el enajenado sucede que como casi nadie lo quiere —si es que de verdad lo quiere alguien—, a pesar de su divorcio mental con el mundo, termina razonando que su único lugar es el parque, con el que llega a establecer curiosos lazos familiares, ya que conversa con sus bancos, árboles y flores y defiende su integridad con pasión quijotesca.

Uno aprecia entonces que el parque es más, mucho más que un área para pasar el rato. Es la patria común de felices y desdichados.

Dicen que París bien vale una misa. ¿Y cuánto no vale un parque en Cuba, sobre todo cuando es imposible sacar pasaje para ir a París? Y a pesar de todas las cosas bellas de París, no faltan personas de toda suerte allá que los necesiten.

Si algo nos exige el parque es que lo cuidemos. Solo eso.

Por ello no estoy de acuerdo con esa sentencia lapidaria de que solo sea el perro el mejor amigo del hombre. ¿Y dónde dejamos a los parques, a los cuales también van a parar tantos perros sin abrigo humano?

Definitivamente, hay que considerar bien a los parques. Sin ellos no se conciben, plenamente realizados, los espacios habitables.

Por eso no entiendo que haya gente que los maltrate, como tampoco que haya parques casi derruidos, mientras otros se mantienen mejor conservados. ¿Es que acaso hay clases sociales de parques? ¿Parques de avenidas notables? ¿Parques de zonas priorizadas para el turismo? ¿Parques de barrios poco importantes?

Cada parque posee su propio rostro. Hay unos más modestos que otros en sitios diversos, pero todos, absolutamente todos, tienen el mismo propósito.

Una tienda presenta problemas que impiden el acceso del público, y enseguida la asisten porque reporta ganancias. Pero los parques, los pobres, no corren la misma suerte.

Hay una canción en defensa de los perros, una clínica donde son asistidos y una enorme sensibilidad hacia ellos. ¿Y los parques? Nada. Solo algunos poetas los defienden.

Yo me pregunto una y otra vez qué pudiera costar reponer la madera que en algunos de ellos le faltan a sus bancos. Por qué no se mantienen bien conservadas sus plantas ornamentales. Y si hay personas responsabilizadas para que eso no suceda, ¿por qué ocurre? ¿No ven que hay parques tristes que agonizan, tan desamparados como perros sin dueños? Parques donde ya casi no es posible sentarse. Parques que no inspiran que uno vaya al parque, pues lejos de alegrarnos, nos entristecen.

LAS ESTRATEGIAS DE LA ILUSIÓN

Así se titula un libro de Umberto Eco publicado por la Editorial *Lumen, S.A.*, cuya tercera edición compré en La Moderna Poesía por el módico precio de 3.15 CUC, es decir, tres días y medio de trabajo o una botella de aceite y cuatro rollos de papel sanitario. De modo que –como puede constatarse– hay que apreciar mucho a un escritor para adquirir un libro suyo a ese precio.

Sin embargo, no crea usted que porque Eco me cae bien y he titulado Las estrategias de la ilusión a esta crónica, le haré aquí una reseña crítica a su libro.

Las estrategias de las que trataré nada tienen que ver con las de él; porque en aquel libro Eco se refiere (y ahora cito casi textualmente la nota de la solapa, no vaya a ser que después me acusen de plagio) "a una semiología del lenguaje cotidiano, mediante la aproximación al universo de los discursos periodísticos o políticos, a los fenómenos de la moda y las costumbres..., para convencernos de que son ideologías, fantasmas, ilusiones o decepciones".

Eco trata sobre fenómenos socioculturales y económicos complejos como Disneylandia, Superman, la televisión, el cine y la prensa. Pero yo solo hablo aquí de las cosas elementales de lo cotidiano.

Por ejemplo, uno quiere hacer un potaje de frijoles colorados, pero se da cuenta de que no tiene nada bueno para echarle; y va a la tienda y ve que la lata de chorizos más barata cuesta 9.25 CUC, y que el chorizo cuesta 1.50 CUC. Por lo tanto, la ilusión de comernos un potaje como Dios manda amenaza con desaparecer, lo que provoca en nosotros cierta decepción. Pero como el inconsciente humano es una fábrica de sorprendentes sugerencias, uno termina comprando un par de esas pastillitas con sabor a costilla ahumada que venden por 15 centavos CUC o dos pesos en moneda nacional.

Luego, a la hora de ser servido el potaje en familia, entran en juego las estrategias de la ilusión; ya que una vez que hemos probado la primera cucharada, decimos: "Caramba qué sabroso está. Parece como si le hubiéramos echado un lacón".

¿Podría ocurrírsele a Eco escribir sobre un potaje de frijoles colorados, a pesar de su versatilidad como escritor? ¿Sabrá el autor de El nombre de la rosa del nombre de esas pastillitas de ilusión, gracias a las cuales las estrategias de la imaginación nos hicieron creer que comimos un potaje con todas las de la ley?

El tema de las estrategias de la ilusión se vincula a esa curiosa verdad de que una cosa es la realidad de la vida y otra la vida que a cada cual le toca vivir en esa realidad, pues no son los mismos comensales que ingieren potaje con sabor a ilusión de lacón, que aquellos que tienen el lacón y se lo echan al potaje.

Claro que no.

Esto suena casi a trabalenguas, pero no lo es. Más bien estamos ante un asunto muy serio.

¿Pues cómo es posible que un potaje con ingredientes de ilusión, pueda causar en sus comensales la misma satisfacción que sienten aquellos que no necesitan de las estrategias de la imaginación porque el sabor a lacón de su potaje tiene un fundamento real?

"No somos nada", solemos oír con cierto tono seudofilosófico en las funerarias.

Pero nadie se cree eso al pie de la letra. Sí somos, y a veces a qué precios nos empeñamos en serlo. Y en esa engorrosa tarea que consiste el vivir, el hombre se vale de un montón de medios y procedimientos, en gran parte de los cuales siempre están presentes las estrategias de la ilusión.

De otro modo no puede explicarse cómo funciona un agromercado, donde compramos cinco libras de carne de puerco pero nos despachan cuatro, porque la pesa es mágica. O nos venden un limón que tiene la extraordinaria virtud de ser verdad por fuera y mentira por dentro, ya que el zumo es pura ilusión. ¿Cómo enfrentarse a nuestras modernas naranjas sino con mucha imaginación para creer que son eso, naranjas, y no pelotas de ping-pong? ¿Cómo entender –sino por raras estrategias de la imaginación– que las guayabas y frutabombas parezcan maduras por fuera y por dentro estén más verdes que el verde de Lorca? ¿Y cómo se explica –sino por la poética del realismo mágico–, que en ese mismo agromercado nos vendan las jabas de nylon pero no las haya en las tiendas? Se gana más dinero vendiendo jabas que salvando vidas en un quirófano.

¿Qué vuelta extraña es la que hay con las jabas? Que me lo digan para yo también empezar a venderlas.

Lo mismo sucede con algunos medios de comunicación. Por ejemplo, el noticiero televisivo de las 8:00 p.m., donde las estrategias de la ilusión nos subyuga con ese impresionante adjetivo de estelar. Pero si ese es el noticiero estelar, ¿qué calificativo usar para el que se trasmite de 1:00 a 2:00 p.m., que es un poquiiiiiiiito más variado? ¿Es el superestelar? ¿Es el supernoticiero?

Lo curioso del estelar es que es tan previsible desde sus titulares que el noticiero no resulta ser muy noticioso. O lo es, pero luego que uno ha aplicado las estrategias de la ilusión para creer que eso es un noticiero y no lo que es: un programa con los mismos temas comentados, más alguna que otra noticia sobre la interminable guerra de la Franja de Gaza, la crisis financiera mundial, las penurias de África y otras calamidades del mundo..., como si en el planeta nunca pasara nada bueno, solo en Cuba y sus aliados.

No hay nadie tan necesitado de las estrategias de la ilusión como el amante que sabe pero no quiere saber que es mal correspondido. Su corazón es como un motor de agua halando en seco. Justifica todos los inconvenientes que pretexta su pareja; pero no los justifica para justificarla de veras, sino para justificar el sentido que inútilmente él o ella —según el caso— se empeña en darle a esa vida que sentimentalmente se ha roto.

Otro tanto nos sucede en esos momentos por los que todos alguna vez pasamos, cuando ciertas situaciones nos hacen infortunados y empezamos a buscar a los amigos pero se esconden como cangrejos en invierno, y uno tiene que aplicar las estrategias de la ilusión para seguir creyendo en ellos, a pesar de que su lealtad no pasó la dura prueba.

Siguiendo en este sendero temático de la estrategia de la ilusión tan exuberante de casos, ahora le toca el turno a eso que llaman Reforma Urbana, que a partir de 1985 pasó a llamarse Dirección Municipal de la Vivienda.

¿Qué es esto? ¿Un ente real o alucinado?

¿Sabía usted en qué se parecen una persona y un expediente tramitado en una de esas direcciones municipales?

En que la vida de todo hombre y la vida del expediente iniciado en una de aquellas oficinas se sabe cuándo comienza, pero nunca cuándo termina.

Muchas veces el expediente se atasca o lo atascan y lo único que puede hacer cambiar la incertidumbre en que permanece el trámite es que su promovente le pague al empleado. Solo entonces el expediente sale de su estanco para deslizarse como una de esas bailarinas que patinan sobre una pista de hielo.

¿Podrá mi colega Umberto Eco, con todo el talento y la erudición que le asiste, explicar las estrategias de la imaginación que se pone de manifiesto para que pueda comprenderse el raro funcionamiento de esas direcciones municipales y de otras oficinas que prestan servicios públicos, donde la solución de muchísimos problemas ciudadanos depende de las complejidades tan complejas de la burocracia, y en las cuales se ha convertido prácticamente en un deber que el usuario tenga que dar ciertos regalitos a ciertos empleaditos para que le resuelvan pronto su casito?

Y el que no quiera o no pueda dar regalitos? ¿Qué se joda el pobrecito?

¿Sobre la base de qué principios se explica este estratégico procedimiento? ¿Sobre el principio de que quien tiene un amigo tiene un central, o el de quien tiene dinero lo resuelve todo aunque no tenga amigos?

Si el potaje de frijoles colorados sabe igual con lacón o pastillitas de ilusión; si nos venden una frutabomba aparentemente madura por fuera y está verde por dentro; si el noticiero no resulta ser tan noticioso; si no hay jabas en las tiendas pero se venden a montones en la calle y sus vendedores ganan más que los doctores; si un amante mal correspondido debe engañarse para creerse feliz; si los amigos no lo son cuando tienen que serlo y hay que dar ciertos regalitos para que ciertos empleados cumplan con su deber...

¿De qué estamos hablando entonces: de un mundo real o de un mundo virtual?

¿Dónde empieza la realidad y termina la ficción? ¿O es que de verdad la vida es sueño y los sueños, sueños son?

Evidentemente para explicar esta compleja realidad ya no basta valerse de las estrategias de la ilusión. Más bien hay que hacerse la ilusión de que hacen falta otras estrategias.

LA GUAGUA

La guagua sigue siendo uno de nuestros viejos problemas pendientes.

Así como la desgracia de algunos es la felicidad de otros, la insuficiencia de guaguas acrecienta la dicha de los taxistas. Esa es la razón por la que los choferes de taxi puedan darse el lujo de rechazar un montón de ofertas de alquileres, ya que sencillamente van a donde les da la gana y no hacia donde la gente quiere.

La guagua aquí no es como la guagua universal, esa que en cualquier parte del mundo las personas esperan sin impaciencia y es abordada por los pasajeros con sosiego, donde casi todos –si no todos– se sientan y viajan tranquilamente sumidos en sus pensamientos. No.

La guagua en Cuba es otra cosa. Se parece al hipócrita en que es una por fuera y otra por dentro. Es decir, no existe coherencia entre la forma externa de una guagua y su realidad interna. Parece que no hay modo de que en Cuba esa correspondencia lógica se logre.

Esta singular cualidad de la guagua la despoja de la esencia de su ser como transporte público, y le da cierta connotación filosófica, pues en ella se asiste a una serie de experiencias tan mezcladas, que bien pudieran considerarse una suerte de barroco existencial.

Lo primero que indica que por un lugar pasará una guagua es un montón de personas inquietas y dispersas en la acera, quienes miran atentamente hacia la izquierda para ver no solo cuándo sino cómo vendrá la guagua.

Si la guagua se detiene correctamente en la parada, entonces las indisciplinadas son la gente, que se aglomeran en la puerta y se empujan disputándose la entrada.

Este es el instante ideal del carterista, cuyo oficio consiste en desdoblarse histriónicamente como si fuera un angustiado aspirante a subir a la guagua, por lo cual su rostro es como el de cualquiera de los desesperados que desean llegar a tiempo al lugar hacia el que se dirigen, mientras el brazo del carterista se transforma en una culebra que busca afanosamente un bolsillo, aprovechando que la mente de la víctima está concentrada en la compleja realidad de tener que subir a la guagua.

Esta desazón de tener que ponerle los cinco sentidos a subir al ómnibus o al bolsillo donde llevamos la billetera para no perderla, es uno de los pequeños dramas cotidianos del cubano; pero no el único, pues una vez que se ha entrado a él, el pasajero —como bien lo indica su condición: pasajero— ha pasado del mundo real al mundo virtual que se produce en el interior de cada guagua.

Este es el momento en el que los que acaban de subir y están apretados delante, les dicen a los del medio que por favor caminen un pasito, que atrás está vacío; pero nadie camina y la guagua sigue detenida porque hay personas colgando de la puerta.

El chofer enciende un cigarro y dice que él no tiene apuro, ya que a fin de cuentas ese es su trabajo. Pero una mujer le responde que ella sí está apurada, porque debe llegar temprano al hospital para que le hagan un gastro. De pronto se oye una voz muy masculina diciendo que el que quiera ir cómodo o llegar pronto que coja un taxi. La mujer va a responderle con uno de esos disparates muy caribeños; pero se interpone la voz de otra mujer que se ha cogido el problema para ella, ya que, sin darle nadie vela en este entierro, le dice al hombre que ese modo de expresarse es una falta de respeto; después de lo cual alguien tira una trompetilla, se produce una explosión de risas y la guagua se ha convertido en un teatro vernáculo. Unos dicen que esto es cubanía, otros que es pura chusmería.

Hay personas que confunden la guagua con el rincón de confesiones íntimas de un parque, ya que le van contando a otra los problemas de su centro de trabajo o los de su matrimonio y sus conflictos con la suegra. Aunque uno no quiera se ve obligado a escuchar estas historias, ya que la guagua va como un chorizo comprimido y es imposible desplazarse hacia otro sitio.

Sin embargo, hay quien rompe los niveles de tolerancia abandonando, de pronto, este incómodo ambiente de chismorreo, y decide trasladarse a duras penas por el pasillo estrecho y lleno, hasta que llega a un sitio y más o menos se acomoda. Pero entonces descubre que este no es su día, pues se ha colocado justamente al lado de uno de esos tipos que les gusta presumir de sabichosos, quien conversa con otro sobre un curso de computación en el cual él y solo él y nadie más que él es la estrella.

Otra de las cosas de la guagua son los trastornos con las puertas. No hay un viaje en que una puerta no le coja el brazo, la mano o la pierna a alguien; por lo cual la víctima se queja y acto seguido todo el mundo grita, y lo menos que le dicen al chofer es que es una bestia. Hay choferes que están inmunizados contra todo tipo de improperios, pero otros abandonan el timón para fajarse en una cuarta de tierra.

Por cada viaje que da una guagua en horas pico se forman no menos de cinco discusiones. El día que más discusiones hay es el lunes, ya que son muy pesados para ir a trabajar y la gente no viaja de muy buen humor, llevan caras de perro bóxer, y serían capaces de morder a cualquiera si le pisan un zapato.

Las discusiones en la guagua las desatan cualquier motivo, pero uno de los clásicos es el que se origina cuando alguien quiere avanzar por el pasillo repleto y empuja a otro sin pedir permiso, y empieza el careo hasta que una de las partes pierde los estribos diciendo una palabrota y se van a las manos. Las mujeres gritan diciendo que en la guagua hay niños. Alguien le dice al chofer que abra la puerta para que se fajen en la calle. Una señora le aconseja a uno de los contrincantes que deje eso, pero ellos –cual dos actores a teatro lleno– están muy comprometidos con ese público y no saben cómo terminar lo que empezaron, se sienten profundamente llamados a desempeñar su papel de hombres duros, caribeños, ecuatoriales... aunque quizás en el fondo de sus corazones deseen que los aparten. Pero así son las cosas en la guagua, y contra ellas nada puede, a no ser que haya muchas guaguas o que todos tengamos la opción de poseer automóviles, cuya posibilidad no se vislumbra.

Con el ir y venir de todos los días en la guagua, los pasajeros van desarrollando ciertas habilidades para viajar de pie. Este es el caso del quítate tú para ponerme yo, procedimiento en el que un viajero le va dando a otro unos empujoncitos para ir desplazándolo de su lugar hasta lograr ponerse él. Pero a veces no sucede así, ya que el pasajero al que pretende desplazársele de su sitio le opone resistencia al que quiere quitarlo, por lo cual se da entre ellos una lucha callada pero sostenida, que consiste en que cuando uno le da un empujoncito al otro para que se quite, éste se lo devuelve para que lo deje quieto, como si ambos estuvieran bailando el bimbóm con las caderas.

Los asientos preferentes para embarazadas constituyen una de las decisiones más atinadas del Ministerio del transporte, pero a veces son motivos de increíbles problemas. Este es el caso de la gordita que se sienta en uno de esos asientos y cuando llega una embarazada y ve que el vientre de aquella mujer es altamente sospechoso, le pide que le muestre su tarjeta de maternidad. La gordita se niega. Entonces la embarazada le ordena que se levante. La gordita se planta en sus trece y dice que ella tiene siete meses de embarazo, y la otra le dice que lo que ella tiene son siete toneladas de grasa, y acto seguido hace un gesto para cogerla por los pelos; pero como siempre hay alguien con sentido común, un hombre la llama para darle su asiento.

Otro que se las trae es el asiento de los discapacitados. A veces sube a la guagua un señor mayor con un bastón, y apenas ha puesto un pie en el estribo cuando anuncia que ha montado un discapacitado y se vayan levantando de su asiento.

Otro caso es el del caradura que entra a la guagua fingiendo que tiene una cojera tan lamentable que casi hay que aguantarlo porque se va de lado; y una mujer que está sentada en el asiento de los discapacitados lo ve, se conmueve, se levanta y hasta lo ayuda a sentarse. No contenta con eso le pregunta qué le pasó en la pierna, y el hombre es tan desmadrado que le hace la historia de que un día, mientras se dirigía al trabajo en una bicicleta, pasó una guagua, le dio un golpe y lo tiró contra la acera.

Un problema verdaderamente serio en la guagua son esas carteras y mochilas que, al pasar con sus portadores, van acabando con las espaldas, cabezas, hombros y brazos de los pasajeros.

Está el individuo a quien la vida no le va saliendo como él quisiera, y se siente incómodo, un poco rebelde y neurótico, esperando nada más que lo toquen para desquitarse la amargura con cualquiera.

Está el pasajero serio, elegante, prototipo del funcionario pero sin carro, quien viaja apretado entre la gente con un portafolio de esos negros de 75 centímetros de largo por 50 de ancho en las manos, y cuando tiene que desplazarse en la guagua se lo pone en la cabeza como si estuviera llevando un cake de boda.

A pesar de las dificultades todos somos solidarios en la guagua ya que compartimos con los demás un poco de nuestro perfume y otro poco de nuestro catarro. Si bien es cierto que hay pasajeros injustos, descorteses y groseros, también los hay caballerosos, generosos y justicieros. Y si es verdad que hay choferes que se llevan las paradas, no lo es menos que los hay que se esfuerzan por recoger a todo el mundo.

Una guagua cómoda y tranquila no se parece a una guagua. Para que en Cuba lo sea debe tener música alta y bailable, gente que cante, haga chistes y den golpes en la parte superior de la puerta con insultos al chofer para que la abra; debe tener un borracho, un demente o una de esas señoras que se explotan por nada, a quienes ciertos pasajeros le buscan la lengua para poner buena y caliente la guagua; de lo contrario sería un ómnibus normal de esos que corren por el mundo al que no estamos acostumbrados, y al cual no sé si algún día nos acostumbraremos.

EL TAXISTA A LO CUBANO

Hay taxistas en La Habana que nada tienen en común con los del resto del mundo, y no porque sean muy originales.

En cualquier parte civilizada del planeta el taxista se debe al cliente. Aquí no siempre.

Un ciudadano para un taxi, se acerca a la ventanilla y le pregunta al chofer con cierta expectativa:

—¿Guanabacoa?

¿Y qué hace el chofer? Le vira la cara, o responde con un no indiferente. Luego continúa conduciendo dos, cuatro kilómetros hasta encontrar a quienes lo alquilan para donde a él le conviene.

¿Eso es un taxi? Claro, pero a lo cubano.

A lo cubano son muchas de nuestras costumbres que han originado tipos en circunstancias típicas. Uno de ellos es el taxista, una persona que lamentaría que en Cuba se solucione el problema del transporte público, pues en virtud de esa carencia no solo hace mucho dinero —que no está mal que lo haga si lo gana prestando buen servicio— sino que ejerce su oficio como le venga en ganas.

Además de los inconvenientes de alquilar un taxi que vaya hacia donde necesite la gente, están los inconvenientes que surgen cuando se logra alquilarlo. Y usted probablemente ya sabe a lo que me refiero: la musiquita.

Ya no se concibe un taxi que, además de personas, no lleve música. Son como discotecas sobre ruedas que se mueven de La Habana a Guanabacoa, del Parque de la Fraternidad al Cotorro, del Capitolio a Alamar, del Parque central a La palma, de Prado y Neptuno a Playa... y así la ciudad es un interminable ruido dosificado en taxis.

Y, como todos sangramos por esa misma herida, sabemos que no es la música que desea oír el cliente o la adecuada para viajar... Eso sería pedir demasiado. Es la música que le agrada al chofer, gústele a quien le guste y pésele a quien le pese. Y al que le desagrade que no alquile el taxi; y si ya está en él, pues que se baje. Pero esta decisión sería muy riesgosa, pues probablemente todos los taxis que habrán de llegar tengan más o menos el mismo tipo de música: reggaetón o cualquier otra bailable, y a decibeles hostiles al oído.

Las molestias con el taxi no solo se limitan a tratar de alquilarlo. Otras pudieran esperarle al cliente cuando se sienta en él y cierra la puerta. Me refiero a la ventanilla. Hay taxis que llevan el cristal de la ventanilla permanentemente cerrado, bien porque está rota y no baja, o porque el chofer tiene guardada la manivela que la articula, pues dice que ciertos clientes se la roban.

La otra variante problemática de la ventanilla es que, si el cristal no sube y comienza a llover, los clientes se mojan.

Ante las quejas de los viajeros el chofer alega que el taxi está en proceso de reparación; pero, contra, a pesar de esos inconvenientes el tipo continúa alquilándolo, pues lo suyo es sacarle el quilo al usuario.

Sin embargo ahí no acaba esa película. Hay taxistas que se empeñan en transportar un número de personas superior al que admite el taxi, por lo cual los viajeros van unos al lado de los otros como si fueran los pliegues de un acordeón comprimido. Pero todos, aunque incómodos, permanecen callados. Y al que no le guste que se baje, no importa, ya aparecerá otro cliente dispuesto a aceptar las exigencias del taxista; y si alguien protestó con razón, queda como un mono pintado. Así de simple y paradójica es la cosa, a lo cubano, pues no se impone la atención al usuario sino la caprichosa autoridad del chofer del carro.

¿Y qué me cuenta usted de algunos asientos de taxis? ¿Los ha visto? Durante enero, febrero, marzo, abril, mayo... esos asientos se la pasan absolviendo todo el churre posible. Y el chofer no se da por enterado, como si en lugar de personas su trabajo fuera transportar... animales.

No digo yo si, como el nuestro, no hay servicio de taxis en el mundo. Y es verdad que no son todos los taxistas, pero son.

Otro lado del asunto son los precios. Por ejemplo una carrera del Capitolio hasta la Palma siempre ha costado diez pesos. Ahora algunos taxistas han inventado una variante: dicen que solo alquilan del Capitolio hasta La Víbora (sabiendo que llegarán más allá), y al que siga hasta la Palma le recargan cinco pesos. Y así sucede en otras trayectorias. A partir de cierto lugar, aumenta el precio.

Si esto no es propiamente explotación del hombre por el hombre, tal como nos lo enseñaron en el colegio, es la explotación del taxista contra el cubano de a pie. La soga siempre se parte por el lado más débil.

Tampoco se entiende que si por la carrera del Capitolio a Guanabo los taxistas cobran veinticinco pesos por persona, los que parten del mismo sitio hasta Alamar cobren veinte si el trayecto es considerablemente menor. Y lo curioso es que la gente lo paga, chico; en lugar de protestarles los precios o dejarles el carro vacío, lo pagan, como si veinte pesos fueran nada o no les costara sudor conseguirlos. A veces no parecemos ser tan solidarios como se nos pinta, no. Cuando el tema es el dinero, se acabó el querer..., si es que de verdad alguna vez lo hubo. Con el cuento de tener que luchar el día a día, somos como lobos contra lobos.

Como si estas incomodidades fueran pocas, los taxistas tampoco dejan al cliente en el sitio justo al que se dirigen, sino a cierta distancia. Resulta que nuestros taxis hacen rutas fijas, como la guagua. Y por el camino van dejando y recogiendo gente como un tren lechero, ganando el dinero equivalente a varios viajes... Y al que no le guste que no coja taxi, que se vaya a pie o alquile un panataxi que sí deja al cliente donde lo necesite, pero le hace tremenda mella al bolsillo...

A río revuelto, la ganancia es para el pescador. A grandes carencias materiales, miserias espirituales.

¿Qué sucedería si alguna vez amaneciéramos con la grata

realidad de que el transporte urbano ya no es un problema?

¿Qué sucedería si las guaguas estuvieran cada tres minutos?¿Seguiríamos detrás de los taxis o los taxistas disputarían entre ellos para ir detrás de nosotros, humilde y no soberbiamente dispuestos a ofrecer el servicio que merecemos?

Sin duda cambiarían las reglas del juego.

Pero mientras tanto tendremos que continuar jugando con las reglas de este: a lo cubano....., que es el modo graciosamente criollo con el que hemos estampado en el lenguaje cotidiano nuestro singular estilo de vivir entre innumerables limitaciones.

LA DUALIDAD DE MELERO

Estaba yo en la Avenida 10 de Octubre (la que nuestro Eliseo Diego evocara como "la Calzada más bien enorme de Jesús del Monte"). Después de caminar desde el Café Colón hasta La Palma tratando de coger un carro, se acerca un Lada.

—Habana —digo, y el chofer acepta. Abro la puerta y me siento.

El auto se desplaza moderadamente. A los lados de la vía se ve un vaivén de personas sumidas en el diario bregar de sus quehaceres.

De pronto el chofer dobla a la derecha por Acosta, y acelera.

Creyendo que se ha equivocado, le comento que voy para La Habana. Pero me explica –mirando constantemente el espejo retrovisor– que ha tenido que desviarse porque lo sigue el patrullero.

¿El patrullero? De momento no entiendo la situación. El chofer acelera más. Dobla. Vuelve a doblar. Todo el tiempo mirando el retrovisor. Y se metió en un barrio extraño.

–Oye –le digo–, háblame claro. ¿Tú llevas algo raro aquí en el carro?

–Usted tranquilo –me dice.

Pero no puedo estar tranquilo. Es imposible. Me doy cuenta de que el tipo huye, y que, en las entrañas de Lawton, hemos pasado a ser como los protagónicos de una película de acción en las arterias de Los Ángeles, New York o el Bronx...

–Mi hermano –le propongo–, déjame aquí. Yo te pago.

–No puedo. ¿No ves lo que llevo atrás? La policía.

–Pero el que no la debe no la teme –le digo.

Pero como si con él no fuera. Siguió corriendo, doblando a la derecha y a la izquierda dentro de un barrio laberíntico de calles estrechas.

Fue entonces que se me ocurrió pensar que el chofer me había jugado la mundial; que me había alquilado y se había desviado para llegar al sitio donde esperaban sus aliados para hacerme talco. Talco, Miguel –pensé–, no van a dejar nada de ti para que después no haya ni retrato hablado.

Yo llevaba encima un reloj que se adelanta cuatro minutos diariamente, una billetera Adidas con tres años de uso, 38 pesos y una calderilla convertible con la que pretendía comprarme caramelos Alka para refrescarme la garganta.

–Mi hermano yo soy un profesional –le dije, como si los delincuentes tuvieran eso en consideración, pero fue la tontería que se me ocurrió–. ¿Qué tú quieres? ¿El reloj, la cartera? Yo te los doy sin problemas.

–Yo también soy un profesional –respondió el chofer concentrado en el timón.

–Pero yo no entiendo –repuse–. ¿Si tú no tienes lío, por qué huyes?

—¿Dónde tú vives? ¿En Cuba o en el Polo?

—Mi hermano pero yo voy pa'La Habana, y te has metido en un barrio que yo ni conozco.

—Y yo te voy a dejar en La Habana.

—Pero yo ni sé quién tú eres —le digo.

—Compadre, yo me llamo Melero, y la policía me sigue porque soy botero. Eso es todo. No llevo carne de res ni marihuana. Y usted va a llegar a La Habana. Esté tranquilo.

Traté de sosegarme. Intenté rezar el Ave María, pero a esa hora olvidé cómo empezaba.

Luego salimos a la Avenida de Boyeros. Por lo menos ya conocía el lugar y era un sitio despejado. Ahora el chofer lleva el carro a una velocidad moderada. Ya más tranquilo, le dije:

—Discúlpame. El problema es que yo no sé quién tú eres.

—Compadre, mire —me dice extendiéndome un carné—. ¿Ya leyó? Yo soy médico. Cuando termino el trabajo, en vez de ir pa'la casa me pongo a hacer unos viajes; pero da la casualidad de que aquellos policías me conocen. El otro día me advirtieron.

—¿De qué? —le pregunté, porque de verdad que no entendía.

—Que no puedo alquilar a nadie.

—No es fácil la jugada —le dije—. ¿Por qué no me lo explicaste antes?

—Pero si eso se cae de la mata —me dijo con tono festivo—. Yo no llevo un cartelito que diga taxi.

—No me di cuenta —me excuso.

—Yo lo que estoy es luchando unos pesos. Tengo dos fiñes, los quince de la niña arriba, y no me da la cuenta. De verdad que no me da.

—¿Así que tú eres médico? —pregunto después de un rato.

—Sicólogo clínico.

Ahora no sabía cómo decirle lo otro. Pero, como era sicólogo, pensé que sabría entenderlo.

—Hay algo que tengo que decirte —empiezo a tratar de explicarle con dificultad—, pero me da pena...

—No tienes dinero —se apresuró a decir.

–No..., no es eso. Es que con el lío ese de la policía pensé que eras un farsante, y me alteré...

–Yo no me ofendí por eso. En ese momento yo no podía explicarte porque estaba atendiendo al tránsito a ver por dónde me metía.

–Pero es que no se trata de eso –le insisto–. El problema es que ya no voy pa'La Habana.

–Ah, ¿no? ¿Y pa'dónde es que tú vas?

–Pa'la casa. Regreso.

–Pero si ya pasó todo –trata de tranquilizarme.

–Yo sé, pero no puedo seguir.

–Mi hermano, ahora sí que no te entiendo.

–Que aunque quiera no puedo llegar a La Habana –le insisto.

–No sea paranoico. ¿Usted no confía en mí?

–Compadre y eso que usted es sicólogo –le digo sonriendo–. ¿No entiende? Me puse nervioso y se me aflojó el estómago. Eso no me pasaba desde el Kindergarten.

Al principio el tipo se calló y amarró la cara. Un rato después parece que se acordó de que su profesión consistía en tratar de entender a las personas.

–No importa, hermano –me dijo haciendo de tripas corazón–. Yo te dejo en la puerta de tu casa; y si quieres, mira, ni me pagues –y agregó, después de un fuerte suspiro–. Nada, parece que hoy no es mi día.

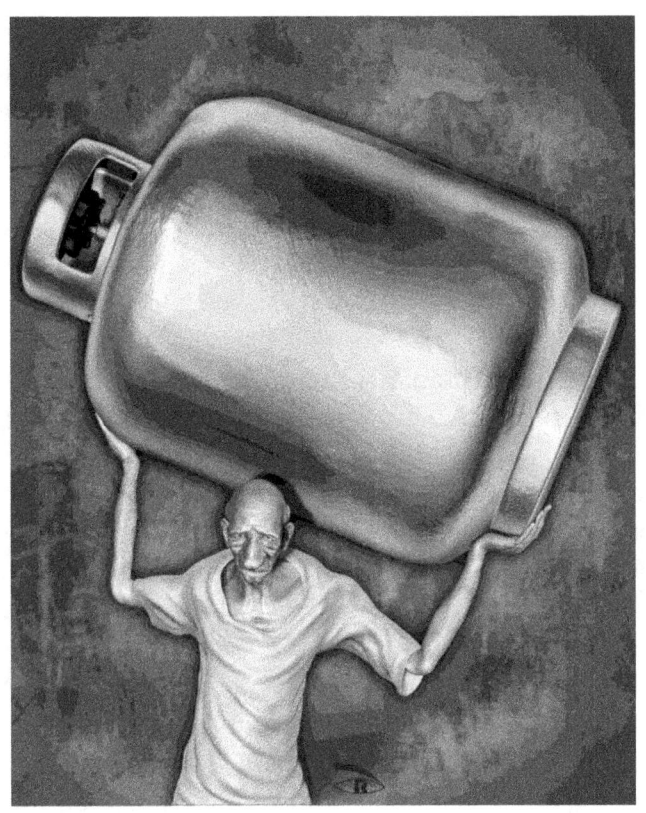

EL JUBILADO

A nuestros jubilados bien podría calificárseles de otro modo. Se retiran de la vida laboral pero no renuncian al trabajo. Podrán ya no levantarse tan temprano ni sufrir los inconvenientes del transporte para llegar a tiempo al trabajo. Pero eso de que se retiran para descansar, es puro cuento.

El jubilado en Cuba sigue en la pega. Y no por capricho. Qué más quisiera él sino pasear y viajar como hacen otros jubilados. ¿O no ha visto usted, por ejemplo, la cantidad de turistas de la tercera edad que andan por La Habana?. No son millonarios, ni siquiera pequeñoburgueses. Son jubilados, como quizás usted, su padre o el mío.

El primer gran problema a que se enfrenta el jubilado es cómo ocupar su tiempo. El segundo consiste en procurarse un poco más de dinero. No le cuadra el escaso calibre de los billetes que recibe como pensión con la lista de sus gastos.

Esta problemática netamente existencial del jubilado le impone plantearse un camino nuevo, en el cual pueda darle un poco de sentido a su vida para entretenerse y otro poco de sentido para sostenerse.

De esta particularidad que distingue la vida del jubilado (ávido de distracción para llenar ese enorme vacío que durante años lo ocupó en sus actividades de trabajo; y ávido de dinero para adquirir sus medicamentos más la cantidad de vegetales, frutas, leche, pollo y pescado que el médico le recomienda como si fuera maná que cayera del cielo), surge un nuevo gremio de trabajadores: la confederación nacional de jubilados empleados (CNJE).

Se trata de una masa, pero dispersa, de hombres y mujeres cuyas edades oscilan entre 65 y poco más de 80 años, una considerable parte de cuya vida diurna la consagran a permanecer alrededor de sitios públicos, como los agromercados, tiendas, panaderías, colegios y en soportales y esquinas; donde venden cajitas de fósforos, tubos de pasta dental, cigarros a granel, jabas de nylon, maquinitas de afeitar, rositas de maíz o coquitos acaramelados.

Otro oficio del jubilado es el de transportar balitas de gas. Se le ve ir y venir por el barrio con un carrito donde lleva una o dos de esas balitas, sudando la gota gorda a pesar de sus achaques osteomusculares, endocrinos, respiratorios o cardiovasculares, para ganar 20 o 30 pesos diarios.

Está el jubilado que se ha convertido en el empleado doméstico de su propia casa. Se levanta temprano para buscar el pan y llevar al nieto al colegio. Después se le ve por el barrio con una jaba colgando del brazo. Cada día va a los mismos sitios: al estanquillo para hacer una cola, esperar a que llegue la prensa, la cuenten para luego comprar el mismo periódico con fecha diferente. Luego se dirige al agromercado, la tienda o los timbiriches. Pasa por la carnicería para saber si por fin llegó la dieta. A las diez de la mañana le lleva la merienda al nieto al colegio y puede que hacia el mediodía también le lleve el almuerzo. Si se rompe un artículo electrodoméstico, allá va el caballito-jubilado a cargar con él para que lo revise el mecánico. Si hay que pagar la corriente, lo mandan a la empresa eléctrica. Si a alguien en la casa se le rompió un zapato, de llevarlo a arreglar se encargará ¿quién...?: el jubilado.

De esa lista de oficios de jubilados hay que mencionar al mandadero, dedicado a realizar encargos a los vecinos a cambio de alguna propina. Van a buscar medicamentos el día que acaban de surtir la farmacia, para lo cual tienen que hacer una señora cola; compran pan en la panadería, víveres en las tiendas y croquetas criollas en las pescaderías...

¿Y qué dice usted de las jubiladas domésticas?. Ahora es así como se les llama a las que antes se les calificaba de criadas. Ya no son una reminiscencia del pasado brutal, cuando los burgueses las empleaban en sus casas.

¿A quiénes les sirven las domésticas de hoy? ¿A los asalariados del proletariado? No. A los que pueden darse el lujo de emplearlas para pagarles uno o dos CUC diarios. Por ese pago hasta serían capaces de cantar en latín La Guantanamera. Hacen de todo. Les limpian la casa, lavan y planchan toda la ropa, cocinan, hacen los mandados, recogen los recados y atienden a los niños.

¿Cómo se distrae el jubilado? He ahí una pregunta con cuya respuesta pudiera desarrollarse un doctorado en sociología. Una gran parte de su distracción la realizan trabajando. Resulta que, mientras luchan su dinerito, nuestros jubilados se entretienen.

¿Qué más puede hacer un jubilado además de todo eso y asistir a las consultas periódicas del médico? Ah, ir al parque a encontrarse con otros jubilados para recordar el pasado, o a llevar al nieto para verlo correr, jugar y como el niño se divierte; sacar al perro para que haga en la calle precisamente lo que nosotros hacemos en el baño; o sentarse en la esquina para contemplar la vida pasar y a la gente que va y viene de lunes a lunes con su misma vida. Jugar dominó a la sombra de un flamboyán del barrio, comentar la serie nacional de pelota o entretenerse analizando las cábalas del día para relacionarlas con la charada, pues como la suerte es loca y a cualquiera le toca, va y por esas cosas del azar se saca un numerito.

Ese es el día a día de muchos de nuestros jubilados, cuya vida a veces llega a sentirla tan monótona como cuando era un proletario.

Sin embargo se acostumbran, y así pasan el resto de sus años. Y si uno les preguntara si esa es la vida que esperaban para cuando se jubilaran, quizás muchos te digan que, bueno, tanto como eso no, pero van tirando, y que así son felices. Y no lo dude; pues ¿qué es la felicidad sino un estado peculiar de ánimo y una actitud muy personal ante la vida? Puede incluso que en rigor no lo sean, pero ¿no basta que se lo crean?

Uno se pone a pensar en ese modo tan peculiar de vivir de nuestros jubilados, y por más que le dé vueltas al asunto comprende que muchos de ellos no pueden cruzarse de brazos. Sin ahorros y teniendo que vivir al día, en lugar de descansar, si aún les queda un poco de salud, la emplean en seguir trabajando.

EL VIEJITO DEL PARQUE

El viejito del Parque vende periódicos. Es alto, flaco y tiene cara de hombre triste y sentirse cansado.

Cada mañana, de camino a la oficina, paso por allí y le compro un Granma y un Juventud Rebelde.

Durante las primeras semanas este contacto con él era tan habitualmente sobrio como cualquiera de los que el viejito hace con sus numerosos clientes que andan de paso. A partir de un momento comencé a saludarlo con un "Hola, mi viejo. ¿Cómo pasó el fin de semana?". O " ¿Ha visto que calores hacen?"

Así hemos ido cogiendo cierta confianza. Cuando alguna mañana yo no paso por allí, al día siguiente me pregunta: "¿Qué te pasó ayer?" Y cuando yo no lo veo, le pregunto lo mismo.

Poco a poco he conocido algo de él. Tiene setenta y siete años, es viudo, jubilado, procreó cuatro hijos y vive solo. Se levanta muy temprano. Se hace un desayuno de café con leche mezclado con galleta de soda molida, y tiene una perra sata que se llama Bolita y le va a los Industriales; pero casi nunca puede terminar de ver la pelota porque se duerme.

Este hombre viene de Alamar para vender la prensa en el Parque central. No puede perder este sitio de venta porque es muy favorable. Hay días que se resiente del dolor en las piernas, y a pesar de eso permanece allí para vender los cien periódicos, con los cuales gana treinta pesos diarios. Si a las once de la mañana no los ha vendido todos, se traslada a otros lugares como vendedor itinerante.

A veces, después que le pago y echo a caminar, me paro a cierta distancia, me vuelvo y lo observo allá de pie un poco echado hacia adelante, con el mazo de periódicos doblados sobre su antebrazo.

Durante tres años le vengo comprando la prensa y nunca se me ha ocurrido preguntarle su nombre. Me he acostumbrado de tal modo a su presencia cada mañana cuando me dirijo a la oficina, que siempre espero este reencuentro grato.

En ocasiones le he pagado con un billete de diez o veinte pesos. Debe creer que estoy loco, y me dice: "No, chico, no, eso es demasiado dinero...". Pero yo no le hago caso. Se lo echo en el bolsillo de la camisa y le aprieto un hombro con la mano. Él se me queda sonriendo. Yo me voy casi llorando.

LA DUDA

Ayer, al doblar de la casa de mi madre, donde me encontraba de visita, un hombre de unos sesenta años subió a la azotea de un edificio de ocho pisos y, parado en el borde, dijo que iba a matarse.

Enseguida comenzaron a acudir personas. Las primeras fueron vecinos del reparto. Luego los de barrios próximos. Después de otras partes, pues como el hombre amenazó durante seis horas que se mataría, hubo tiempo para que el insólito incidente se difundiera entre la gente.

A la una de la tarde el señor seguía allí con una Biblia entre las manos. Algunos vecinos le aconsejaban desde abajo que no lo hiciera; pero él les confesó que estaba muy triste, que nunca había sentido esa angustia tan pesada que casi lo hacía desplomarse.

Como la cosa parecía que iba en serio, avisaron a las autoridades. Llegaron tres carros patrulleros, uno de bomberos y una ambulancia, y cerraron la calle con vallas para impedir el acceso de vehículos.

Un señor –tal vez un sicólogo o siquiatra- comenzó a conversar con el suicida tratando de disuadirlo para que no se tirara. Le habló con sencillez, en tono amistoso pero con habilidad. El suicida lo escuchaba atento. Hasta nos dio la grata impresión de que se le había quitado la obsesión de la cabeza. Pero luego de un largo silencio volvía a plantarse en sus trece. Decía que no había otro camino. Y dijo más: advirtió que, de sospechar que los bomberos o fuerzas especiales intentaran rescatarlo, se lanzaría.

Una situación tremenda. Nunca, en mis años, había visto algo parecido.

De pronto a alguien se le ocurrió que, como el hombre tenía una Biblia en las manos, lo ideal sería avisarle al cura de la iglesia más cercana en la esperanza de que conversara con él para sacarlo de la situación. Pero el párroco no estaba. Se dirigieron a otra iglesia y el sacerdote tampoco se encontraba. Fueron a casa de un pastor evangélico pero estaba de viaje.

Lo cierto es que a las cinco de la tarde lo que había allí era un hormiguero de gente. Un vendedor de rositas de maíz y otros dos que ofertaban panes con croquetas y tortilla en carritos ambulantes, se paseaban por el área aprovechando las posibilidades comerciales.

A esa hora los policías, los bomberos y el personal de la ambulancia ya daban signos de estar agotados. Creo –para ser cabalmente franco– que parecían más aburridos que cansados, o cansados de aburrimiento que es lo mismo. Y el especialista, daba la impresión de que se le hubiera acabado el repertorio sicoterapéutico.

Es decir llegó ese frío momento en el que ya nadie tomaba la palabra para dirigirse al hombre con el fin de que desistiera de aquel terrible empeño. Pero nadie se iba. Todos esperaban

Fue precisamente ahí que pensé que no importan los años ni las experiencias que hayamos vivido: la vida siempre se las arregla muy bien para seguirnos sobrecogiendo. Entonces se me ocurrió que no debía dejar de escribirlo. Probablemente sería el más insólito de mis textos

A las seis y doce de la tarde se oyó una ovación tremenda. El hombre acaba de lanzarse con la Biblia entre las manos. Su impacto contra el suelo me pareció como el de un saco de cemento.

Inmediatamente los policías, los bomberos y el personal de la ambulancia entraron en acción emergente. La ambulancia se fue pitando. Acto seguido la multitud comenzó a deshacerse, exactamente igual que cuando acaba la función de un teatro, que se abren las puertas y la gente se dispersa, después de haber visto el espectáculo.

Eso fue todo. El hombre falleció en las primeras horas del día siguiente.

Ahora, después de haberlo contado, quizás ello me ayude a empezar a liberar este incómodo recuerdo. Lo que no sé si logre quitarme la duda de si pudimos hacer un poco más para evitarlo.

EL FUNERAL

Si usted asiste hoy a un funeral y es capaz de distanciarse mentalmente de ese entorno, le costaría creer que esté en un lugar de duelo.

Por ejemplo, lo primero que resulta difícil de entender es la razón por la cual en una funeraria existe un grupo de personas que se congregan en la puerta de la entrada. Uno cree que ellas se encuentran allí porque aún el cadáver no ha llegado, y resulta que están cogiendo fresco o matando el aburrimiento.

Otro hecho habitual en los funerales es que la mayor parte de las personas que asisten, después de dar el pésame con cara amarrada, se van al salón para formar un grupo generalmente sentado en círculo, en el que se habla de precios del mercado, ofertas de tiendas, dietas para bajar de peso, política internacional, acontecimientos sobre el barrio y deportes.

Sin embargo lo peor no es eso. Es el escándalo resultante de todas esas conversaciones, como si aquellas personas se encontraran en un salón de recreo.

De pronto uno de estos individuos cuyo carácter relajado no puede acomodarse a la camisa de fuerza que le impone la solemnidad de un velorio, se excusa para ir al baño, y cuando regresa le susurra al grupo:

–Caballero, en el inodoro han dejado un muerto grande.

Está el caso de otro tipo de asistente, ese hombre huraño que permanece sentado en una butaca y no departe con nadie, ni se sabe quién es y todos quieren conocer su identidad. De vez en cuando se levanta, da una vuelta, contempla el cadáver y se sienta. No faltan quienes empiecen a especular sobre él murmurando que tal vez sea un medio hermano oculto del difunto. Su presencia misteriosa ha originado en los comentarios una especie de trama policíaca. Y en realidad lo que este hombre espera es que alguna señora se levante de su asiento y deje la cartera para perderse con ella.

Un aspecto del funeral muy curioso es la retirada de no pocos asistentes. A la fiesta uno sabe a la hora que llega, pero no cuándo se irá. En el velorio sucede lo contrario. La gente sabe más o menos cuál será su tiempo de cumplido.

Para irse de la funeraria estas personas aplican un singular procedimiento. Hay un grupo de ellas que están de cuatro a siete de la noche. Luego dicen que van a darse un saltico a la casa para bañarse y darles la comida a los niños, pero no se les ve más el pelo.

El otro grupo se va desintegrando de nueve a doce de la noche. No es una retirada abrupta. Eso sería demasiado fuerte. Es una retirada sutilmente calculada, como si todos se pusieran de acuerdo por obra y gracia de la telepatía. Primero se van dos. Luego tres. Al rato cinco. Más tarde ocho.

Casi todos, antes de irse, pasan a despedirse de los dolientes. Les dicen que dejaron al niño o al esposo con fiebres o que mañana tienen que madrugar en el hospital para hacerse un gastro

Mientras suceden estas cosas de índole conductual, pasan otras, pero de envergadura administrativa. Este es el caso de las flores.

A veces las flores se encargan a las nueve de la mañana y empiezan a llegar después del mediodía. La explicación que da el administrador es que la demanda está por encima de la oferta, es decir hay pocas flores y muchos funerales. Esta es la razón por la que el sarcófago se ve tan desolado, y como no se concibe un funeral sin flores como tampoco un cumpleaños sin guirnaldas, hay quienes deciden ir al mercado de Cuatro Caminos, donde los vendedores —que conocen muy bien este tipo de eventualidades— ofrecen ramos de azucenas, gladiolos o girasoles.

Cuando, por fin, llegan las primeras flores —porque no siempre llegan todas de una vez— parece que empezarán a distenderse las tensiones. Pero resulta que en una de las cintas de las coronas —con letras de un azul casi morado apenas legible— le pusieron al fallecido Rodolfo en lugar de Adolfo, lo cual tiene a los familiares del difunto fuera de sí, ya que no se explican que después de tanta demora y haber pagado 30 pesos por cada corona, también haya que tolerar que se equivocaran de nombre.

Otro problema es el baño. Son víctimas de cleptómanos de focos y hay quienes aprovechan para hacer sus necesidades en el suelo. El baño se convierte entonces en un gran signo de interrogación, ante el cual se titubea para penetrar, pues se sabe cómo se entra pero nunca cómo se sale.

Si el funeral es en La Nacional sería aconsejable subir por el ascensor, ya que la escalera es frecuentemente utilizada por jóvenes que toman los peldaños como bancos de parque.

Si el velorio es en la funeraria Maulines, donde no hay escaleras, la gente sale para sentarse en las aceras; lo cual manifiesta una situación similar al del grupo de personas que —no lejos de allí— permanecen sentadas en el quicio del portal de la pescadería de La Palma esperando las croquetas de pescado, que se compran como pan caliente.

Para el sepelio solo pueden garantizarse dos viejos taxis Lada 2105, con tantos Panataxis que se ven pasar vacíos sin que casi ninguno pueda cumplir su norma diaria de pasajes, ya que con ellos sucede lo contrario que las flores: la oferta está por encima de la demanda.

Para colmo los choferes que les corresponde llevar a los más allegados del difunto, no lo hacen de muy buena gana, pues además de tener que hacer todo el recorrido del cortejo y esperar en el cementerio, deben llevar a los dolientes hasta su casa, por todo lo cual no reciben un centavo ya que esos viajes se pagan en la funeraria.

Un hecho que le rompió la tapa al pomo es la creciente tendencia de beber en los funerales. Me gustaría que Freud –que describió las causas de tantas conductas raras– viviera para que me lo explicara; aunque, para serle sincero, creo que no haría falta, ya que beber en un funeral es, a las claras, uno de los actos más desfachatados de este complicado mundo.

De modo que por ahí ya van las cosas... Probablemente me falten decir otras –como ciertos incidentes que se han suscitado con los ataúdes–, pero con estas sobran para confesarle que a mí me parece que, no pocos funerales de hoy, casi nada tienen de solemnes.

Por un lado, nuestras actitudes poco o nada reverentes, y por el otro, ciertas irregularidades administrativas, parecen reducir a extremos alarmantes un hecho con tanta envergadura humana y sagrada como es el misterio del dolor y la muerte.

Con estos truenos yo no quiero que me velen.

ESPERANDO AL CARNICERO

Un grupo de personas estamos en el portal de la carnicería del barrio esperando al carnicero. Desde ayer empezaron a despachar el pollo pero como llegó en la tarde, gran parte de los clientes quedamos sin cogerlo. La nevera tiene problemas. Es un artefacto de esos viejos norteamericanos con tres puertas que todavía funciona, pero no enfría suficientemente y hay que salir pronto de la mercancía.

El carnicero avisó que hoy, cuando él regrese del desfile del 1 de mayo, despachará el pollo a los clientes que faltan. Pero todos sabemos que él no fue a la Plaza. Está escondido en su casa.

Mientras tanto esperamos que él concluya este jueguito de las tres caras de Eva o la doble moral: la que se enseña por fuera como un vestido y la que se lleva por dentro como un secreto, especie de esquizofrenia colectiva que divide y desdobla la personalidad de tantos cubanos, donde el yo que se aparenta ser y el yo que verdaderamente se es, coexisten armónicamente en un solo cráneo.

Así que, aquí estamos sentados en el quicio de la carnicería esperando tranquilitos al compañero carnicero que permanece oculto como un cangrejo, y que pretende hacernos creer que él es uno de esos que forman esa masa que ahora mismo se ve desfilar por la pantalla del televisor. Y nosotros, que sabemos que ha mentido, le hacemos un poco el juego. Somos parte del elenco de esta curiosa farsa.

Yo me encuentro en un rinconcito del portal de la carnicería leyendo el libro del famoso modisto Paco Rabanne *La iluminación del budismo*, donde aparece una extensa entrevista que el autor le hizo al notable monje tibetano Bokar Rimpoché en la India. En él se dicen cosas tan esperanzadoras como esta: "La verdadera felicidad, la que dura, está al alcance de todos. Pero no la encontramos en los artificios creados por el espíritu, sino en el propio espíritu, en la naturaleza del espíritu, y es accesible a todos nosotros a través de un método llamado meditación".

Confieso que este libro me tiene muy relajado. Es como una amitriptilina combinada con una trifluoperazina. Sin embargo a pesar de ello, no es posible que me sustraiga del mundo. Se acerca un tipo, se inclina a otro que está a mi lado y le dice una cosa tan poco espiritual como esta:

—Anoche regalaron la lotería.

—¿Cómo que la regalaron? —pregunta el otro.

—Hoy beatifican a Juan Pablo II en Roma, y salió el 33 que es santo y el 42 que es país lejano. Genaro cogió el parlé con veinte pesos.

He ahí uno entre tantos ejemplos de por qué los cubanos no necesitamos de la meditación para ser felices. Con una certera intuición, una buena cábala y un poco de suerte nos sentimos realizados.

Resulta que estábamos allí esperando que terminara el desfile y apareciera el carnicero, cuando una señora se pone de pie y se le ocurre mirar a través de la reja de la carnicería, y descubre un mensaje de lo más criollo escrito en un pedazo de cartón colgado de la pared que decía: "Se adelanta pollo en saludo al 1 de mayo".

En mala hora nos llamó la atención aquella mujer sobre ese anuncio que nos dejó echando humo en la cabeza, pues concretamente ¿qué se pretendía comunicar con esta frase?

Algunos empezaron a especular que se trataba de una cuota de pollo adicional ofrecida en virtud del Día del trabajador, ya que, como todos sabemos, Cuba es definida como un estado socialista de trabajadores, aunque hay un montón de hombres en edad laboral que no trabajan y viven mejor que muchos proletarios.

Un segundo grupo de clientes eran de la opinión que de pollo adicional nada, pues analizaban que si fuera así esa información habría aparecido en la prensa, ya que ese tipo de noticia sí suele publicarse en los periódicos. Estas personas concluyeron que lo que el carnicero había querido decir desde la pobreza de su lenguaje, era que la cuota de pollo que se adelantaba en saludo al 1 de mayo correspondía al pollo de población. Después de lo cual, una señora expresó:

—¡Ah, pero eso no tiene gracia, pues al fin y al cabo me lo dan ahora para demorármelo después!

—La gente nunca está conforme —protestó Agapito—. Si lo adelantan porque lo adelantan, y si no lo adelantan porque no lo adelantan. El Estado cubano ha sido muy paternalista. Nos hemos acostumbrado a que nos lo den todo con cuchara. ¿En qué país del mundo se ha visto que al pueblo se le garantice una cuota alimenticia todos los meses? ¿Alguien me puede decir?

Pero nadie dijo nada. Y el silencio se comprende. Agapito es un jurista jubilado. Ahora colabora en la oficina de atención a los combatientes de la zona. Tiene una metralleta en la boca siempre atenta contra cualquier expresión que a él le parezca tendenciosa para salirle al paso.

Como si esta confusión fuera poco, surgió otra. Y es que la gente empezó a preguntarse a qué cuota de pollo correspondía el adelanto: ¿era ciertamente la del pollo de población o la del pescado que es sustituido por carne de pollo?

—Dicen, yo no estoy segura, pero es lo que dicen —intervino una morena muy criolla ella—, que el pollo adelantado por el 1 de mayo es el pollo de población y no el que se oferta por el pescado fantasma.

—¿Cómo que el pescado fantasma? —volvió a relucir la voz de Agapito ante el asomo de aquella rara expresión.

—Sí, pescado fantasma y bien porque se anuncia como cuota en la libreta, pero nunca se le ve en la carnicería. Eso es un pescado fantasma. ¿Algún problema? —enfatizó la morena mirando fija y severamente a Agapito con las manos en la cintura notablemente resuelta a lo que fuere.

¡Qué arroz con pollo estaban cocinando esta gente con el tema del adelanto del pollo! Y todo por ese picadillo gramatical que había hecho el carnicero en su letrero.

Yo andaba por una parte interesantísima del libro, pero aquella absurda y risible conversación sobre el pollo llevada por la gente con tanta seriedad me sacó del paso, de verdad que me sacó.

Me levanté del rinconcito, busqué a la persona a quien yo le había dado el último, y le dije:

—Señora, le regalo mi lugar en la cola. Queda detrás de aquella compañera.

Y me fui al Malecón con la idea de leer allí tranquilamente. Pero esta pesadilla del pollo se empeñaba en seguirme como un geniecillo jocoso; pues cuando llego al Malecón veo a un grupo de personas muy nerviosas que le ponían al anzuelo de sus varas una mazorca, y las echaban al mar desesperadamente.

—¿Y esto qué cosa es? —le pregunté a uno de los pescadores porque nunca había visto una mazorca como carnada. Y el pescador me respondió tranquilamente:

—Estamos cogiendo pollo por pescado.

Me quedé hueco por dentro. Todavía no me explico cómo fue que no morí allí mismo.

Muchas experiencias de nuestra vida cotidiana rebasarían las ficciones del más ingenioso de los escritores.

LUCHANDO LA BOTELLA

En un céntrico restaurante de La Habana, de cuyo nombre lo mejor es no acordarse, tuve la fatal decisión de pedir la carta.

El dependiente me la da pero advirtiéndome –para que no me haga ilusiones y luego fuera a morir de desengaños– que lo que hay es bistec de palomilla, sándwich y arroz frito. El resto, un 60 por ciento del menú que se refiere, es un fantasma.

Después que uno amanece y le da gracias a Dios por el nuevo día, se propone vivirlo en paz. Pero te sacan del paso.

–¿Por qué pasa esto? –le digo al dependiente.

—¿Qué cosa? —pregunta él con la libretica apoyada en la palma de la mano y el lápiz listo para registrar la orden.

—La carta —le digo—. En casi ningún sitio están actualizadas.

—Figúrese. Eso es asunto del administrador.

—Y tuyo.

—¿Mío? No, mío no.

—Tuyo sí. Eres quien le da la cara al cliente.

Muchas de nuestras cartas tienen la rara propiedad de mantenerse idénticas desde enero hasta diciembre, cubiertas con un nylon que las protege contra el manoseo y el churre.

De todas las pizzas que se ofertan no hay ninguna. Se dice que salen más tarde, cuando San Juan baje el dedo.

—Bien —le digo—. Quiero arroz frito y una cerveza Cristal.

Mientras espero el almuerzo abro el periódico en la página de las noticias culturales, y en eso viene la vendedora de flores artificiales. Parece que hay un duende que le avisa a esta señora, porque desaparece del restaurante pero vuelve inmediatamente después que entra un cliente. No le importa que yo esté solo. Se empeña en que le compre una flor, pero yo no quiero. Me enseña una rosa a la que le cuelga una tarjeta con unos versos que ella dice son de Gustavo Adolfo Bécquer; pero a mi Bécquer solo me conmovía cuando era adolescente.

Vuelvo al periódico. Aparece el mercader ambulante de CD con una mochila repleta de ellos. Me enseña una lista, como 500 canciones.

—Tengo de todo —dice—. Desde guaguancó, la década prodigiosa hasta los últimos reggaetones.

Pero yo no tengo tiempo de escuchar música.

Regreso al periódico, a ver si puedo, por fin, leer las culturales. El dependiente se acerca. Vierte un poco de cerveza en la copa. Se va, y cuando empiezo a leer veo frente a mí a una mujer y un hombre. Tienen unos veintitantos años. Ella embarazada, sonriente. El hombre se inclina hacia mí y con tono implorante me dice:

—¿Usted pudiera hacerme el favor de darme la botella cuando termine? Es que necesitamos venderlas para con ese dinero, comprar la canastilla.

–Usted sabe –agrega la mujer– la canastilla hay que comprarla en moneda convertible.

Les digo que está bien, que cuando termine con la botella se la doy. A fin de cuentas no me importa el recipiente. De todas formas, lo habría dejado si ellos no me lo hubieran pedido. Tal vez sean un par de farsantes, ¿pero y si no lo son? ¿Si de verdad necesitan el envase para venderlo y comprar la canastilla?

A esa altura de los acontecimientos el dependiente no había servido el agua, ni puesto la servilleta. El agua habrá que comprarla y la servilleta es una exquisitez tal que si la quieres, tienes que llevarla.

Por cierto la cerveza no está bien fría. Pero no debo irritarme. Me dará un infarto y esta gente son vanguardias. Así lo dice un diploma que cuelga de la pared. Y continúo leyendo en las culturales un artículo sobre el conocido narrador y periodista Lisandro Otero, quien había muerto por aquellos días, cuando viene el dependiente con la comida.

Hay que describir el arroz frito aunque no sea el tema de esta crónica. No hacerlo sería imperdonable. Venía en un plato de esos grandes donde se sirven las pizzas familiares, en el centro del cual apenas se levantaba una lomita de arroz con una rodaja de tomate y dos de pepino. Sobre la cima destacaban dos masitas juntitas de camarón como un par de riñoncitos deliberadamente colocadas allí para que, de verlas, el cliente empiece a soñar con que el arroz está bien surtido.

Contemplo el plato que le queda tan grande al arroz. Luego contemplo al arroz que le queda tan chiquito al plato. ¿Para qué incomodarme? ¿Y si me da una cosa y se me joroba la boca?¿Quién sale perdiendo? Yo, porque ellos son vanguardias.

No. Mejor me callo, y decido comer en paz o inventándome la paz, que a los efectos es lo mismo. ¿No dicen que la felicidad hay que buscarla dentro de uno? Y empiezo a comer aquel arroz frito, o mejor aquel arroz sin calificación porque el frito aquí lo pongo yo que me quedé frito cuando vi el arroz. De modo que llamémosle mejor arroz conmigo frito sin jamoncito ni frijolitos chinos ni maripositas, pues en este restaurante no malcrían al cliente. ¿Qué es eso de frijolitos y maripositas? ¡Para eso están los chinos!, si es que los chinos siguen estando para eso porque ahora venden mucha comida criolla e italiana.

Así que, para no hacer más largo el cuento, empiezo a comer este arroz con sabor a mí frito, vierto en la copa la cerveza que quedaba en la botella, y en cuanto la pongo sobre la mesa, viene el dependiente como Juan que se mata y se la lleva así facilito, sin pedirme permiso. Estaba vigilándola desde el mostrador como una lagartija mira detenidamente a una mosca hasta cazarla.

–Óigame –le digo–. La botella es mía.

Pero él me dice con una tranquilidad espantosa:

–Usted lo que pagó fue el líquido.

–¿Sí? ¿Y el sólido?

–¿Cómo el sólido? —pregunta dando la impresión de que no sabe lo que es el estado físico sólido.

El señor que estaba sentado a la mesa próxima a la mía se atoró con una subida de risa.

–La botella –le aclaro–. ¿Quién la pagó?¿Liborio?

–¿Cómo que Liborio? –pregunta el dependiente. Su despiste cultural era atroz.

Entonces la cosa empieza a ponerse caliente. Entra el matrimonio que me había pedido la botella, pero ya el hombre no era aquel hombre que me implorara el envase con un tono que le arrancara la misericordia a cualquiera. Era una fiera herida.

–¿Qué cosa es lo que te pasa? –le dice al dependiente.

Todos se pusieron de pie en el restaurante, como los aficionados de un estadio de pelota ante un noveno inning con las bases llenas, dos outs y el empate en primera.

El hombre le arrebata al dependiente la botella de la mano, la alza resuelto a escachársela en el cráneo y en eso todos gritan.

–La botella es mía –dice el hombre-fiera o la fiera vestida de hombre, era lo mismo–. ¿No te basta con estar luchando aquí lo tuyo? Deja que los otros vivan –le grita al dependiente, quien se pierde tras la puerta que da acceso a la cocina.

La esposa le quita la botella de la mano y la guarda en una jaba. Lo hace con una tranquilidad inaudita. Luego dice:

–Vamos, Ricardo –y lo coge del brazo.

–Gracias –me dice Ricardo Corazón de Fiera, todavía pálido y agitado. Yo le sonrío de oreja a oreja no vaya a ser que él vuelva a la botella, le corte el pico y me degüelle con ella.

Por fin se van y todos vuelven a sentarse. El cliente que se había atorado de risa me dice, ahora sumamente serio:

–Di tú a lo que esos dos han llegado. Por poco se matan luchando la botella.

A esta altura de los hechos yo estaba más frito que un sofrito. ¿Para qué seguir comiendo? Pagué y luego entré a La Moderna Poesía. Quería desconectar mirando libros. Pero la escena había sido tan fuerte que todavía me asaltaban sus recuerdos.

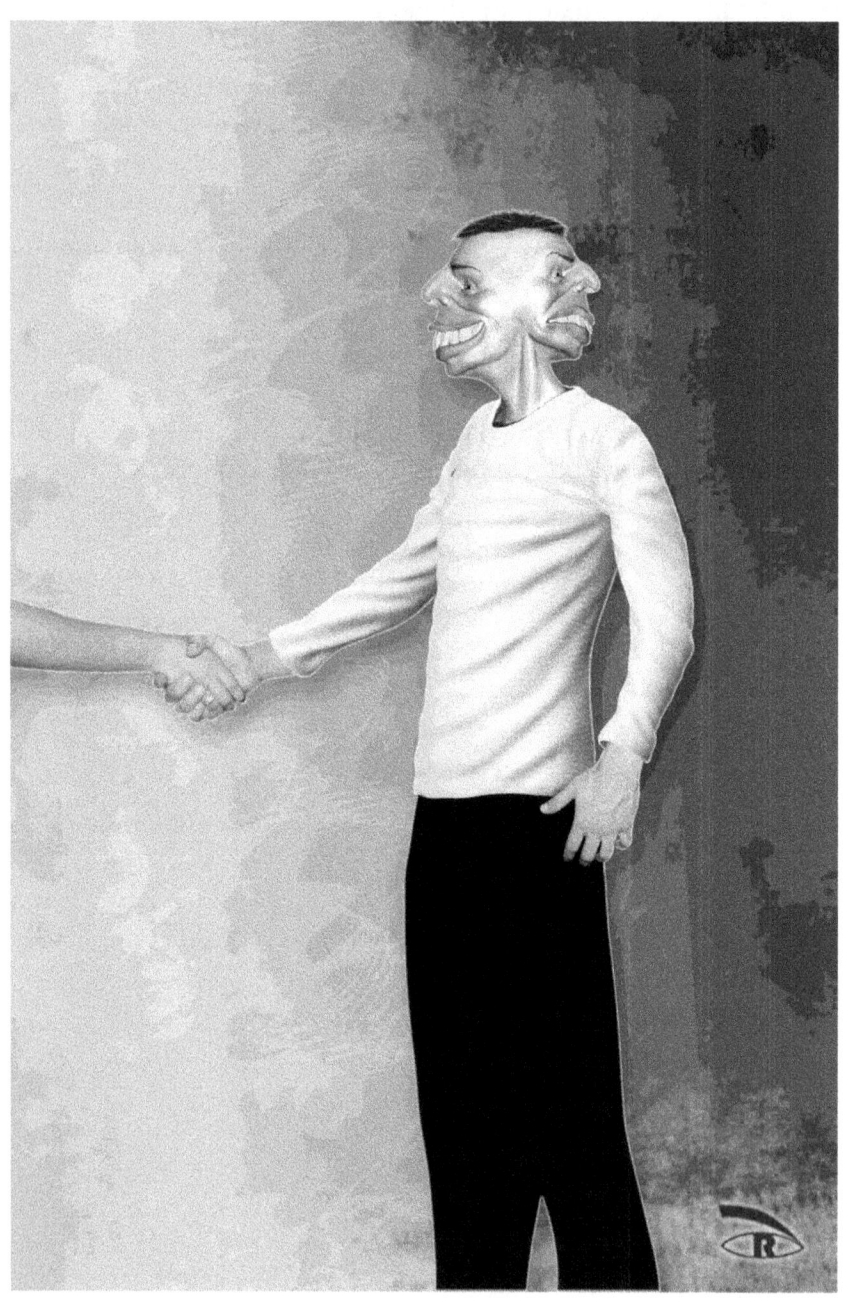

TIPOLOGIA DE LA SONRISA

Dicen los diccionarios, con esa presuntuosa autoridad con que están acostumbrados a referirse a la semántica de las palabras, que la sonrisa es una risa a medias. Pero esto no es absolutamente cierto.

Vista así como una leve modificación de los labios a flor de boca, la sonrisa pudiera parecer la expresión de un fenómeno intelectual y emotivo simples, que apenas exige esfuerzo físico. Sin embargo un análisis concienzudo de ella nos llevaría a concluir que detrás de ese ligero estiramiento de los labios, se ocultan realidades tremendas.

Tal vez en sus orígenes, cuando los hombres no eran tan complicados espiritualmente, la sonrisa fuera más espontánea y sincera.

Una de las causas que comenzó a complicar la sonrisa fueron nuestras madres, cuando desde chicos nos decían rozándonos el tete en los labios:

A ver, una sonrichita para mamá...

Desde entonces aprendimos a elaborar esa sonrisa de cumplido.

Otro caso son los maestros de la enseñanza primaria; nos exigían que al llegar al aula el director o algún otro visitante notable, nos pusiéramos de pie para recibirlos con un lema dicho a todo pulmón y una expresión de alegría, a pesar de que algunos de aquellos personajes no nos simpatizaran.

Sigmund Freud, que hizo del sicoanálisis una especie de charada pues le dio a los sueños cierta connotación de acertijos al relacionarlos con el inconsciente, escribió sobre el chiste pero nunca de la sonrisa. A él, que se ocupó de indagar en tantos fenómenos del espíritu, no se le ocurrió inquirir sobre esa aparente expresión agradable de nuestros labios que es como la punta de un iceberg bajo el cual se ocultan disímiles intenciones. Por cierto resulta que en ninguna de las fotos que le fueron tomadas al padre de la sicología moderna él quedó sonriendo. Tal vez era un tipo seco. Pero es probable también que su permanente ausencia de sonrisa fotográfica se debiera a que era un hombre cabalmente sincero.

Los sicólogos, a no pocos de los cuales les sucede como aquel personaje de El mercader de Venecia, que dice que puede darle 20 consejos a la gente pero es incapaz de aplicárselos él mismo para resolver sus problemas, les sugieren esta especie de fórmula mágica a sus pacientes: sonríale a la vida, como si los problemas de nuestra vida, que no son pocos y algunos muy fuertes, nos resultaran tan graciosos como para merecer nuestra sonrisa.

Evidentemente la sonrisa es un tema que pica y se extiende. Con su aparente sencillez parece que no moja pero empapa. Por eso me animé a estudiarla, para lo cual tuve que observar muchas sonrisas en la calle, mi familia, mi trabajo, en eventos, por televisión y en los periódicos..., tratando de relacionarlas con su causa y su momento, ya que cada una de las sonrisas están vinculadas con las circunstancias. Y llegué a conclusiones tan interesantes como esta, por ejemplo: alguien puede sonreírnos; luego alejarse y llorar precisamente por eso.

Estudiando la sonrisa estuve 2 años, 7 meses y 13 días. Usted dirá qué manera de perder el tiempo. Llené dos mil setecientas noventa y cuatro fichas informativas, y tomé cuatrocientas setenta y nueve fotografías de sonrisas.

Después organicé toda la información sobre el tema, y he aquí el resultado de mis investigaciones: una clasificación tipológica de la sonrisa.

Sonrisa fotográfica:
Es una de las sonrisas más habituales y al mismo tiempo menos comprensibles, pues casi nadie sabe a ciencia cierta por qué en

las fotos quedamos sonriendo. Se trata de una sonrisa automática porque se despliega por los labios segundos antes de que el fotógrafo manipule el obturador de la cámara. Mi tesis sobre esta sonrisa tan común es que se debe a un trauma de nuestra infancia, cuando para retratarnos el fotógrafo alzaba la mano diciéndonos mira mira a un pajarito... para que sonriéramos; tal vez porque si quedábamos serios nuestros padres podrían pensar que las fotos no eran buenas, y el fotógrafo temía que no se las pagaran.

Sonrisa comercial:
Es una sonrisa de oficio, que se activa en los labios del dependiente de un negocio. Se produce por un mecanismo anatómiconeurofisiológico tan complejo como veloz. El proceso comienza cuando el cliente, al llegar al establecimiento comercial, es capturado por la pupila inquieta del dependiente y su imagen es llevada a través del nervio óptico hacia un archivo cerebral donde está la figura de una caja contadora. La persona cree que el dependiente le sonríe porque es muy cariñoso, y hasta piensa que le simpatiza; pero en el fondo de este proceso descansa la triste verdad de que todo cliente es asociado a un signo de peso.

Sonrisa burocrática:
Es consustancial al oficio de las secretarias o recepcionistas, una de cuyas más importantes responsabilidades consiste en proteger al jefe. Se trata de una sonrisa muy bien estudiada, casi siempre acompañada de una voz agradable y finas maneras del trato con la gente, capaz de convencer a cualquiera que haya ido a ver al jefe de que él no se encuentra en su oficina, cuando en realidad ha dado la orden de que no está para nadie. Es una sonrisa ambivalente, que tiene un poco de ética y otro poco de cinismo, con la cual las secretarias honradas tienen que hacer de tripas corazón, si no perderían el puesto.

Sonrisa de tracatán:
Es la más irracional de las sonrisas; menos comprensible que la

sonrisa fotográfica y tan automática como ésta. Forma parte de las reacciones que caracterizan a un grupo de personas o a las multitudes, que sonríen ante cualquier ocurrencia manifestada por un personaje importante, resulte ser pujón o gracioso, inteligente o bruto, razonable o incomprensible.

Sonrisa de Mona Lisa:
Sonrisa enigmática, que tan pronto nos parece divina como diabólica, y desconcierta al sujeto que la ha provocado, que no sabe si la persona le sonríe porque lo que le ha dicho le da gracia o lo ha ofendido. Es el tipo de sonrisa, por ejemplo, que se despliega en los labios de alguien que está pasando más trabajo que un guayabito con un forro de catre, cuando le hemos tocado la puerta de la casa para pedirle nada menos que quinientos pesos hasta el mes que viene. Y el tipo se nos queda mirando y mirando, hasta que prefiere sonreírnos que darnos un puñetazo.

Sonrisa diplomática:
Es de origen académico, pues se aprende durante la carrera diplomática, cuya máxima consiste en tratar a todo el mundo sin perjuicio de razas, credos ni ideologías. La sonrisa diplomática está constantemente monitoreada por la prudencia y el arte del protocolo, que son los garantes de múltiples y apreciados intereses de Estado. Es una sonrisa casi permanente que nunca se cansa ni se aburre pues suele estar acompañada de ambientes confortables, entre selectas cenas, muy buenos vinos, champanes y conversaciones muy prometedoras.

Sonrisa mesiánica:
Sonrisa tropológica, pues si la observamos detenidamente nos trasladaríamos a la orilla de un remanso rodeado de pinares cuyo contacto con la brisa nos saca del planeta para infundirnos un estado idílico que lamentablemente la realidad no nos inspira. La sonrisa mesiánica, propia de prelados, filántropos y otras personalidades comprometidas con la justicia y la paz, parece tener algo de la contradictoria sonrisa del payaso triste, que sa-

be que el mundo está patas arriba pero su misión es infundirle un poco de esperanza y alegría a los demás.

Sonrisa cómplice:
Expresión de contenida alegría que se dibuja en los labios del empleado público, cuando el usuario beneficiado por algún privilegio que le ha evitado correr los trámites que se deben por el sistema de atención a la población, le entrega un regalo, sea líquido, sólido o de carácter financiero; y el empleado, histriónicamente, le dice al beneficiado que para qué se molestó. Es una sonrisa cómplice porque sonríe el empleado entre penoso y satisfecho por haber violado la ética, y sonríe el usuario beneficiado porque ha salido con la suya a través del soborno.

Sonrisa de noticiero:
Es una de las sonrisas más curiosas que puedan verse en televisión. Los locutores de noticieros, además de tener óptima dicción oral y grata presencia, deben poseer un riguroso control de su sonrisa; pues, así como las comidas necesitan de sus adecuados condimentos, las noticias requieren de tonos de voz y expresiones faciales de acuerdo con sus contenidos informativos. Por ejemplo todas las noticias que anuncian sobrecumplimientos de producción nacional llevan, de oficio –como si estuviera anotada en el guión– una breve sonrisa al principio y una más larga al final, de estilo festivo. Pero ay del locutor que se le vaya una sonrisa antes o después de anunciar ciertas noticias...

Sonrisa que da risa:
 Es la que aparece en los labios de algún periodista o funcionario cuando manifiesta con optimismo que este o aquel problema está resuelto o en vías de solución; y parece que no se acuerdan de que eso mismo nos lo vienen diciendo hace un montón de años.

Sonrisa compasiva:
 Sonrisa que aflora en los labios del carnicero cuando, al acer-

carnos a la carnicería, le preguntamos si hay algo; y él, que no tiene nada que ofrecer, en lugar de responder que no, prefiere sonreir. Risa de compasión, que se va repitiendo para una y otra de las personas que pasan a diario por la carnicería buscando algo de comer, mientras al carnicero le pagan un salario por estar detrás del mostrador esperando a que un diiiiiiiiiiiia llegue el pollo, el huevo o la dieta, porque lo que es el pescado para la población ya se acabó.

Sonrisa crepuscular:
Sonrisa que se manifiesta en el individuo que hace bastante tiempo espera tan seriamente la guagua en la parada que parece que está bravo, y de pronto la guagua asoma a lo lejos infundiendo en su alma súbitos relámpagos de grata ilusión. Pero la guagua pasa, sigue y sigue su camino como si le hubiera tirado una trompetilla a los que estaban allí, y la sonrisa del que espera se va diluyendo inevitablemente como la tarde, transformándose en una mueca de repulsión.

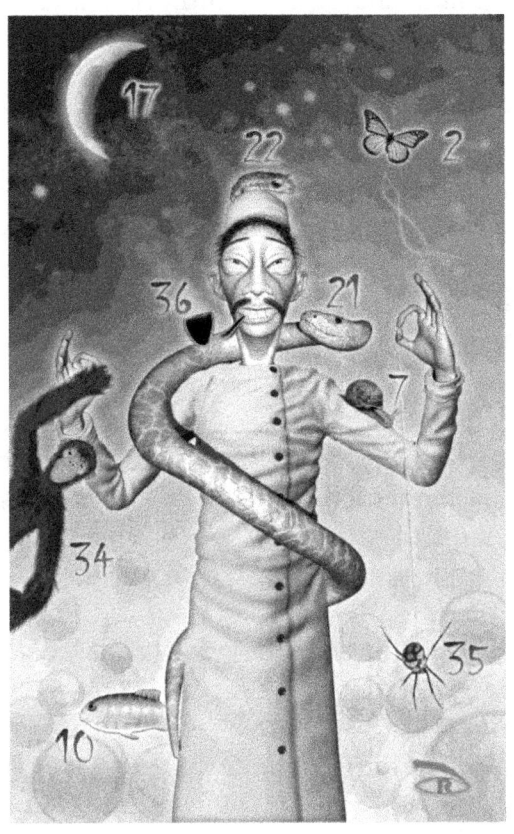

LA LOTERÍA

La lotería no fue un invento de los cubanos. Esto hay que aclararlo porque muchos cubanos creemos que lo hemos inventado todo. El juego lo trajeron los españoles.

Los españoles tenían grandes expectativas cuando descubrieron nuestra Isla; pero no les hizo falta terminar la conquista para darse cuenta de que el mondongo no era carne. Para sacar un puñadito de oro había que raspar el lecho de los ríos, y los ríos no eran muchos, más bien lo que abundaba eran los mosquitos.

Esta desoladora verdad sumada a que los indígenas llevaran una vida bastante aburrida para los europeos, hasta el punto de que los perros eran mudos y si uno les daba un cocotazo no mordían, obligó a los españoles a pasar el tiempo en dos actividades fundamentales: el juego con las mujeres de los siboneyes y el juego con los naipes. En las partidas apostaban pepitas de oro y a sus amantes, ingenuas indias que quedaban traumatizadas al ser objeto de un erotismo exótico, exuberante y sobre todo muy inquietante y escalofriante, todo lo cual podrá sonar muy cacofónico, pero así era la cosa.

Pues bien, por aquellos días que se pierden en los rincones viscerales de la historia, la lotería ni siquiera se había creado en España. Allí se creó en la segunda mitad del siglo XVIII, y en Cuba el primer sorteo se efectuó el 11 de septiembre de 1812, y el de la República en septiembre de 1909, es decir el mes 9 del año 9 del siglo XX. Y quien sabe si es por eso que el terminal que más haya salido en la lotería sea el 99, ya que es tan desagradable que nadie lo juega.

Pero lo que hizo cubana a la lotería fue la charada.

Si la lotería la introdujeron los españoles, la charada fue un asunto de los chinos.

Los chinos, que fueron llegando a Cuba a partir de junio de 1847, parecía que no mojaban pero empapaban. Nadie los calcula. Mientras el teatro vernáculo se burlaba de ellos haciéndolos pasar por tontos, los chinos empezaron a unirse y protegerse en sociedades y a trabajar como insignificantes hormiguitas laboriosas; y en cualquier esquina ponían una lavandería, un fiambre o una fonda, un puesto de frutas y de hortalizas, y cuando se vino a ver buena parte de La Habana comía de los chinos, y los chinos —por supuesto— comían de La Habana, gracias a cuya simbiosis ambas partes se nutrían aunque de modos diferentes: los cubanos el estómago y los chinos el bolsillo.

Lo cierto es que la lotería era un sorteo de fríos números de billetes cantados. Y los chinos, que daban la impresión de estar dormidos cuando estaban despiertos pero en rigor no se duermen ni durmiendo (por eso tal vez hayan logrado una sociedad tan próspera), se les ocurrió infundirle vida y espíritu a la lotería. Y fue entonces que inventaron la charada, que consistió en ponerle un nombre a los números, y así el 1 fue el caballo, el 3 el marinero, el 10 el pescado grande, el 18 el pescado chiquito y hasta el inodoro tuvo su número, que fue el 00.

Es decir, los chinos llevaron muchos referentes de la vida cubana a los números de la lotería, un modo muy ingenioso y atractivo de vincular el lenguaje del mundo concreto al lenguaje del mundo abstracto de las matemáticas, y en esa curiosa alquimia de negocio y poesía, en medio de la cual flotaba una adivinanza en verso cuya respuesta correcta era el acierto del número premiado, pusieron a jugar a casi toda La Habana, cuyos habitantes no solo vivían pendientes de los sucesos de su vida diaria para relacionarlos con el significado de los números, sino también vivían atentos a sus sueños.

Solo así puede explicarse que mi abuela, en lo que canta un gallo, pasara de la pobreza extrema a la baja clase media porque una mañana, así de simple, abrió la puerta de su casa y vio un huevo con un tabaco y una cinta roja y jugó el 37, que es la brujería; y se sacó 1000 pesos, con los cuales compró una quincalla que, para colmo, no la llamó Sabater y Familia o Sabater y Cía, sino Sabater y Lotería; es decir, un nombre que no tiene nombre en los anales de los nombres comerciales. Pero le duró lo que un merengue en la puerta de un colegio porque no vendía un chícharo; por lo cual razonó que si no la vendía a tiempo no disfrutaría un quilo del premio cuyo monto total había invertido en comprarla.

En una sociedad de individuos viscerales, emotivos y supersticiosos la lotería y la charada encontraron una tierra muy fecunda, por lo que era cosa común ver dondequiera a un billetero o al bolitero caminando por los barrios, mientras la gente comentaba el verso y se rompían la cabeza tratando de saber si el "animalito que anda por el tejado" era el 4 (gato), el 29 (ratón), el 22 (sapo), el 35 (araña), el 43 (alacrán), el 21 (majá), el 47 (pájaro), o el 55 (cangrejo).

La lotería se convirtió en un negocio redondo, con una tela

enorme que cortar, pues todo podía estimular al jugador, para quien la vida funcionaba como un sistema de signos o de símbolos cabalísticos que remitían a los números de la lotería; por lo cual el juego llegó a ser un vicio que se presentaba como un atractivo modo de ganar dinero.

Algunos representantes del Senado intentaron proyectos de ley para acabar con la lotería calificándola como algo inmundo y fue inútil. La charada fue prohibida, pero el negocio era más sugestivo que las sanciones, y como el policía se llevaba al bolsillo su mascada, doblaba la esquina pensando que si te vi ni me acuerdo.

No pasó mucho tiempo sin que la influencia de la lotería alcanzara los predios del teatro y el cancionero popular, el discurso político, la literatura humorística y las crónicas periodísticas, hasta introducirse en el habla cotidiana, ya que una monja eran 5 pesos y un pescado 10; el 17 pasó a llamarse San Lázaro y el 77 sus muletas.

En esa cálida pasión popular de la lotería se fraguó el jugador, un individuo que, desde que amanece hasta que se acuesta, está a la caza de los sucesos cotidianos de la vida para traducirlos al complejo lenguaje de los 100 números de la lotería, cuyos términos hoy pasan las 1 500 significaciones.

Se ha dicho que la lotería es la esperanza del pobre, pero los pobres no son tan pobres de esperanzas como para cifrar su única esperanza en la lotería. En ella también fijan parte de sus anhelos gente con dinero, títulos académicos y de muy diversos oficios y hasta notables profesiones.

Todo esto hace pensar que la lotería es mucho más que un simple juego de azar y un negocio: es uno de los elementos de esa tan llevada y traída olla donde se dice que se cocinó lo cubano, ya que la lotería es parte de un paquete donde conviven viejas costumbres y tradiciones, no todas las cuales deben ser necesariamente ejemplares para que sean genuinamente cubanas, aunque nos pese.

Solo así puede comprenderse por qué nuestras fondas, bodegas, bares, parques, esquinas y autoridades se confabularan con el bolitero. La gente jugaba a la lotería, la lotería jugaba con la gente, y los gobiernos jugaban con ambos, ya que el juego, que tiene las mismas propiedades que la adicción a las bebidas, es la morfina que anestesia por un tiempo el dolor de las penurias, pero nunca las resuelve.

En fin, que la lotería era un gran juego ejecutado por un criollísimo equipo formado por banqueros, recogedores de terminales, jugadores y autoridades en las gradas –como si ellas estuvieran fuera del juego–, en el cual el único que perdía era el más necesitado de ganar: el iluso apostador, quien soñaba con un gato y ponía toda la esperanza del mundo en el 4, pero le tiraban el 9 (elefante). Es decir un negocio perfecto. Una trampa que no lo parece. Una especie de dulce abismo.

"Hagan juego señores, hagan juego –decían los que vivían del juego–; el punto gana y se ríe, el banco pierde y se va..." Ja ja ja

LA PELOTA

Hace un montón de años –por la década prodigiosa de nuestras vidas en los 70– un grupo de muchachos del reparto Modelo en Regla, acostumbrábamos a ir los domingos al estadio de pelota del Cerro para ver el doble juego. Todos éramos de Industriales, excepto Eddy –a quien por un gracioso incidente le decíamos Corbata–, tan original en todo que era el único simpatizante del equipo Habana. Eddy –por cierto–, quien casi siempre fue contra la corriente en diversas cosas, un día se puso a favor de la corriente y se fue en una balsa. Lo mejor de la historia es que llegó con vida; lo triste de ella es que perdí al más ingenioso de mis amigos. Es uno de los precios que debemos pagar por el exilio.

Decía que éramos industrialistas, y yo tenía un fanatismo indescriptible por mi equipo. Llevaba una libreta con los incidentes de sus jugadores. Iba vestido de azul al estadio. No me retiraba del juego hasta el último out, aunque Industriales estuviera ganando. Coleccionaba los recortes de prensa con las crónicas de los partidos... Lo que se dice un fan del béisbol.

Pero ocurrió algo tremendo. Un domingo en el Latino, Industriales discutía el campeonato con Vegueros y resulta que mi equipo perdió nada más y nada menos que 22 carreras por cero. Yo me puse tan, pero tan bravo, que ni cogí la guagua; caminé desde el Cerro hasta mi casa, que estaba en Regla. Juré que nunca más –como dijo definitivamente el cuervo– seguiría una serie nacional de pelota, aunque también nunca dejé de ser de Industriales, a pesar de que ya no asistiera a sus juegos.

Pues bien: por aquellos años en que éramos tan jóvenes, despreocupados del mundo, muy felices, y sobre todo aventureros, la pelota era un espectáculo apasionante como el de ahora.

Todos jugábamos pelota en las calles del Modelo; hoy no se juega tanto pues los niños están sumamente ocupados con los videojuegos. Todos seguíamos la serie nacional como una subyugante aventura, y uno se incomodaba cuando su equipo perdía, y se alegraba mucho cuando ganaba. Hubo peloteros excelentes, jugadas y jonrones tan notables, se vivían intensas emociones, y se escuchaban las mismas ovaciones que hoy estremecen el Latino.

La pelota de ahora no es mejor que la de entonces, porque la pelota en Cuba siempre fue grande y buena. Crecimos jugando y viendo pelota, y por eso la llevamos con la vida.

Pero la pelota salta la frontera del mero pasatiempo personal y sus límites deportivos, para convertirse en algo mucho más serio. Es un fenómeno social. Es un acontecimiento tremendo.

Si un equipo de especialistas se propusiera estudiar al cubano, no puede dejar de ir a dos lugares que en Cuba son emblemáticos: el santuario y el estadio. Obviamente la pelota no es una religión, pero el aficionado experimenta por su equipo una especie de fe.

La fidelidad del aficionado del béisbol llega a extremos muy curiosos. Por ejemplo, si va al estadio y no puede entrar porque está lleno y su casa le queda muy distante, corre a buscar un televisor con similar urgencia a la de una ambulancia que lleva un paciente que se debate entre la vida y la muerte. Si decide ver la pelota en su casa, su esposa –si no comparte la misma fe beisbolera– tiene que irse a otra parte a ver la novela.

Hay partidos que antes de empezar prometen un gran espectáculo. Pero como la pelota es como es y no como uno quiere que siempre sea, a veces el juego no está para juego, y transcurre como uno de esos días de nuestro biorritmo cuando las curvas del estado físico, intelectual y emotivo se encuentran en el punto crítico, y resulta ser un día pésimo. El juego transcurre entonces cero a cero, con flaicitos al cuadro, roletazos sin fuerza y hasta se ponchan los jonroneros. Aburrido como una inútil jornada de pesca.

Sin embargo se dan juegos con batazos, fildeos y jugadas tan singulares y sorprendentes, que uno no se explica cómo media afición no se infarta.

Ciertamente hay instantes únicos de la pelota, como ese en que el equipo que pierde tiene corredores en segunda y tercera, hay un out y el empate está en segunda; el bateador sostiene el bate levantado sobre uno de sus hombros como un sable sediento de contienda, mientras el pitcher y el catcher se entretienen en ponerse de acuerdo con la seña. El estadio se mantiene en absoluto silencio. La gente es todo nervios esperando el desenlace. Se puede anunciar públicamente que en los kioscos se vende carne de res en moneda nacional que nadie se mueve, a pesar de la añoranza.

En realidad la pelota no es cualquier cosa. Basta mirar a esos grupos que discuten. Sin dudas hay dos espectáculos: el juego y su comentario. Son dos caras de una misma moneda. Pero lo interesante de esas controversias es que sus protagonistas hacen el juego que ellos creen que debía haberse efectuado... De modo que ahora se han convertido en peloteros y los aficionados son ese montón de personas que los escucha.

No es cierto que un partido termina con el último out; continúa dentro del aficionado, quien se debate preguntándose por qué en aquel momento culminante del juego, con un solo out y hombre en tercera, el manager no mandó al bateador a tocar la bola por primera; o por qué no quitó al pitcher en el tercer inning cuando se le llenaron las bases, y lo vino a sustituir en el sexto, cuando ya el equipo era como un barco con cien agujeros.

Lo curioso de estas controversias es que cogen una temperatura tremenda: los aficionados se gritan, se manotean, uno le dice al otro imbécil, el otro le responde que no sabe nada de pelota... Pero nadie se ofende de veras. La atmósfera es puramente dramatúrgica y la agresión no pasa del nivel discursivo. Porque evidentemente cuando el juego termina, los peloteros se van al hotel o a sus casas muy cansados, y de lo menos que quieren saber es de pelota. Pero al aficionado le pasa lo contrario: sale tan cargado que si no se saca esa energía concentrada se infarta. Esa es la razón por la cual se va a casa del vecino, a la esquina o al parque para desintoxicarse de la pelota.

Uno comprende entonces que la pelota —aunque se califique como un juego— no es exactamente un juego. Por el contrario es causa de indigestiones, mal humor, incomunicación conyugal, enemistades, accidentes cardiovasculares, apatía laboral, pérdida del peso corporal y del peso del bolsillo... En el fragor de la pelota nada hay más importante que ella.

Por último, hay que decir que además del espectáculo que fue el juego y del otro que será el comentario encarnizado del juego, está el grandioso, incomparable espectáculo que empieza después del último out con el que se decide el campeonato–a favor de Industriales, por supuesto– . En el estadio la gente salta y se abraza aunque no se conozca. En los barrios se grita: "Industriales campeón" y todos los perros ladran. Las campanas de la catedral no repican porque Dios es muy grande. La gente comenta que mañana el Estado dará ese día feriado. Se soltó el loco en las calles. A cantar, beber y bailar con los Industriales. Podrá faltar el pan que nadie lo tiene en cuenta. La palabra de orden es... la pachanga. Es como si volviéramos a La Chambelona por unas horas. Nunca antes el señor Jorge Mañach estuvo tan presente

Mire que en Cuba hay celebraciones notables, pero ninguna como esta, para la cual ni hace falta que a la fiesta las autoridades civiles le propicien las condiciones: el pueblo mismo la inventa.

LAS VISITAS IMPORTANTES

Nada mejor pudiera sucederle a ciertas casas que ser objeto de una de esas visitas, para que sus ventanas empiezan a sentirse despojadas del polvo que la invadía desde la última visita relevante. La misma ventura pudieran correr las áreas que están debajo de las camas, que son como regiones del tercer mundo porque de ellas casi nadie se acuerda.

Ni qué decir del baño y la sala, esas partes vulnerables del prestigio de cualquier casa. La sala y el baño vienen a ser como la dentadura y las uñas en las personas, por cuya apariencia somos juzgados inmediatamente. Una sala confortable pero con telaraña en un ángulo del techo produce el mismo efecto que una mujer elegante que al sernos presentada sonríe enseñándonos un repertorio de caries.

Si hasta ayer no nos había importado el salidero de la pila del lavamanos, ahora vamos a buscar al plomero.

Si estuvimos un año comentando que la sala debía ser pintada, le metemos manos al asunto. Si faltaba un foco en el patio, corremos por él hacia la tienda...

Ese día de la visita el baño debe estar tan irreprochablemente limpio que a cualquiera de los visitantes pudiera darle lo mismo comer en él como sentado a la mesa. Nada de periódicos sino papel sanitario. Para esa ocasión se coloca en el baño una toalla y jabón nuevos, y un cesto con revistas de modas y chismes sobre artistas, no fuera a ser que el visitante se extienda y quiera entretenerse.

Se deben esconder los cepillos de dientes y la dentadura postiza que hasta aquel día ha permanecido en el botiquín dentro de un vaso con agua como la boca amenazante de una piraña.

Ese día, en presencia de la visita, la familia es un ejemplo de célula social altamente cordial y organizada. Los esposos retoman aquel olvidado tono de luna de miel tratándose de amor y cielo:

—Amor, ¿dónde está el periódico de ayer? —pregunta él.
Y ella:
—Ay, Cielo, ¿dónde va a estar? Donde siempre.

Donde siempre es debajo del colchón, la hemeroteca de la casa. Pero eso la visita, naturalmente, no debe saberlo.

Ese día es también el de los niños. Por lo que antes ellos merecían un pescozón, ahora se recibe como una gracia.

Los abuelitos —para quienes casi nunca tenemos paciencia— son tratados con una exquisitez que la visita no puede menos que decir que ojalá todas las personas de la tercera edad pudieran contar con el privilegio de convivir en una familia tan armónicamente integrada.

¡Qué interesantes son las visitas importantes! Y si el visitante es extranjero, para qué te cuento... En algún momento un miembro de la familia le muestra la libreta de abastecimiento, que el extranjero observa con la curiosidad con que pudiera contemplarse un papiro antiguo. Inmediatamente es informado sobre el racionamiento de los productos básicos, y de ahí se pasa al tema de la insuficiencia de los salarios, pues de cada diez cubanos nacidos vivos, nueve llevan en el ADN esa tendencia obsesiva sobre el tema.

La misma tensión surge en algunos centros de trabajo cuando se anuncian una de esas visitas importantes. Basta que la informen por teléfono para que la administración convoque a los jefes de departamentos y otros factores para hacer una reunión profiláctica, en la que se orientan una serie de medidas para que la visita lo encuentre todo perfecto, pues guerra avisada no mata soldados, aunque a veces los mata.

Entre las tantas tareas que hay que emprender figura ese aburrido control de medios básicos, que consiste en ir mirando cada cosa para verificar que el número de la chapilla corresponda con el inventario; no fuera a suceder lo que ocurrió en la última visita, que la silla de la secretaria del administrador la estaba usando la recepcionista, y la de ésta se encontró en el baño; por lo cual la visita dejó entrever en sus conclusiones finales que el baño allí funcionaba como una especie de parque.

Mientras un empleado del área económica se desplaza por los departamentos realizando el chequeo de los medios básicos en franca faena de Sherlock Holmes, en el taller un grupo de obreros entusiastas colocan guirnaldas y un cartel que dice: "Bienvenidos compañeros visitantes".

Al mismo tiempo en las oficinas se han sacado los libros y files que contienen todo tipo de controles, cuyos datos están siendo chequeados contra vales y facturas, como si jamás esto se hubiera hecho.

No por gusto se anuncian las visitas, pues las que de verdad quieren hacer estragos llegan de repente, como las tempestades de verano.

Los files son adornados con figuritas y cintas de papel a colores, como las libretas de los niños que cursan la primaria. Sobre los buroes se ponen cartelitos con lemas diferentes, y cada jefe se aprende su libreto por si la visita pregunta para saber si conoce sus responsabilidades.

El día de la visita esos trabajadores que no calientan su puesto de trabajo sudan de sufrimiento porque deben permanecer en él como soldado en garita. Suspendidas quedan todo tipo de ventas ilegales intralaborales, incluso las croquetas que vende Esther y las torticas de Isaura, con las cuales meriendan los empleados, inclusive el director.

Mariquita Pérez está incómoda porque este día no podrá alternar su trabajo jugando en la computadora, pues tuvo que borrar los juegos, no fuera a ser que la visita chequee los ordenadores.

Después que la visita es despedida se distienden las tensiones y las aguas vuelven a su cauce.

Las ventanas de la casa empiezan a empolvarse. La dentadura regresa al botiquín como si fuera castigada. El esposo ya no llama a su esposa Amor sino Dolores. Los niños cogerán sus pescozones. Mariquita vuelve a alternar su trabajo jugando a hacer solitarios. El cartel que decía "Bienvenidos compañeros..."... es guardado en el almacén hasta la próxima visita...

¡Qué interesantes son las visitas importantes! Causan efectos renovadores y purificantes.

LOS QUINCE

Detrás de cada fiesta de quince hay una cordillera de venturas y desventuras.

La niña no ha dejado de jugar con sus muñecas cuando la madre sienta a su esposo para anunciarle que a partir de ahora hay que estar en función de la fiesta.

¿De dónde sacar tanto dinero?, es la clásica pregunta con que empieza este drama moderno.

A partir de entonces la suerte de los quince está echada y los padres de la niña asumirán la empresa con el lema de que habrá celebración salga el sol por donde salga.

Para imponer en casa la costumbre del ahorro, la madre compra un puerquito de alcancía. Poco después comenta a sus parientes de la diáspora que la vida aquí es al duro y sin guantes y que los preparativos de los quince los están llevando de la mano y corriendo.

Si el padre de la niña posee automóvil probablemente lo alquilará en su tiempo libre, mientras la madre –sea licenciada, máster o doctora– no lo piensa dos veces para vender papas rellenas o croquetas.

Más adelante aparecen las primeras preocupaciones de orden estético. Este es el momento en que entra a escena el tema de los zapatos.

La búsqueda de los zapatos es una de las subtramas más subyugantes de esta historia. Si algún pariente se compromete en mandarlos desde el exterior, no hay problemas. Si hay que conseguirlos aquí, entonces la situación empieza a parecerse al cuento de la Cenicienta, pues aparecen todos los zapatos posibles, mas ninguno conviene, ya que unos le gustan a la niña pero no a la madre, y los que agradan a la madre disgustan a la niña. Ambas nunca se ponen de acuerdo y discuten con frecuencia. Finalmente el padre da un puñetazo en la mesa preguntando quién de las dos es la de los quince, pues la madre se ha metido en el papel de este drama de tal modo, que le ha quitado a la hija el protagonismo de su fiesta.

Otro tema estresante de los quince es su espíritu de competencia. Si Luisita se puso diez trajes, la niña debe vestir quince. Si a Elisa le tomaron 50 fotos, a la niña hay que hacerle 70. Si a María la pasearon por La Habana con quince cocotaxis, a la niña hay que pasearla con quince autos descapotables, con sirena y serpentinas.

Así, entre una cosa y la otra, llega el día del turno en que hay que llevar a la niña a la famosa casa especializada en acicalar a las quinceañeras, donde la joven es tratada como una pieza industrial sometida a un proceso productivo en serie; pues de la peluquera pasa a la manicuri, y de esta a la que le saca las cejas, y de aquí a quien la maquilla, y después a quien le pone, arregla y quita los vestidos...

Estas casas son como pequeños estudios de Hollywood en miniatura, y tienen la virtud de que a las menos agraciadas las convierten en princesas. En ellas todo está previsto, pues además de los empleados que se dedican a esos menesteres, no faltan quienes ofertan meriendas y los que proponen álbumes y fotos capaces de sentar a la niña sobre una góndola en Venecia.

Con todo lo cual tal vez piense usted que lo más tormentoso de los quince ha terminado. Pero se equivoca.

Días después, la homenajeada emprende el clásico paseo por algunos sitios pintorescos del casco histórico de La Habana Vieja acompañada de una corte que va a verla posar con su traje de sílfide, la pamela y una sombrilla. Cuatro automóviles desplazan a la comitiva formada por tres abuelos, familiares muy allegados, un par de fieles amiguitas, el novio de turno, la suegra, dos fotógrafos y el camarógrafo del video. Solo falta el cronista cuya ausencia se explica porque nuestros diarios desterraron de sus páginas las crónicas sociales.

La trayectoria por el casco histórico abarca desde La Punta hasta la Plaza de San Francisco, y recuerda un poco una peregrinación de Vía Crucis, ya que la homenajeada y su corte deben interrumpir constantemente su desplazamiento deteniéndose en algunos sitios de referencias obligadas.

Este es el caso, por ejemplo, de la clásica toma del Castillo del Morro, una foto inevitable donde las muchachitas –de pie en el muro del Malecón– nadie sabe por qué siempre quedan con la cabeza ligeramente inclinada hacia la embajada de España, figurando como fondo el erótico faro del castillo y un emblemático pedazo de mar que se extiende al Norte.

Foto sentada en uno de los bancos de La Maestranza. Foto entre los jardines de la Plaza de Armas, rodeada de palomas. Foto junto al Caballero de París (quien ya tiene más fotos que cualquier presidente del mundo). Foto al lado de la escultura de la Madre Teresa de Calcuta, aunque el 99 por ciento de las quinceañeras no tengan ni la remota idea de quién fue esta enorme mujer.

La madre, con mucho tacto, evita que el novio aparezca en muchas fotos, porque el enamorado de los quince ya no es el de los dieciséis.

Por fin llega la jovencita a la Plaza del Convento de San Francisco, cuya radiante espiritualidad convive reñida con el efluvio de sudores y excrecencias de los caballos que allí se estacionan con sus coches como carnadas de oferta para turistas. Es justo aquí donde el fotógrafo le ordena a la muchachita que se quite los zapatos, ya que algunas se han caído contra los adoquines. Así, descalza, la quinceañera echa a caminar por aquella superficie mientras le toman el video dirigiéndose a la fuente. Si después de esta experiencia no le salen hongos en los pies, entonces vendrá la celebración.

La fiesta empieza con una coreografía de quince parejas de jovencitos que comienzan bailando un vals cuya sublimidad eleva las almas de todos los presentes, y termina con un decepcionante reggaetón de artesanía cubana con mucha vulgaridad y dobles sentidos.

Como siempre sucede en estas celebraciones, la familia de la homenajeada nunca queda bien, ya que en ellas se impone la presencia de cinco o seis señoras que se complacen en evaluar el contenido de las cajitas. Si la ensalada está muy buena, entonces dicen que el cake estaba duro. Si las croquetas quedaron ricas, el pastel apenas tenía guayaba. Si todo estaba muy bueno, entonces era muy poquito...

Al día siguiente empiezan los recuentos. En casa quedaron con una mano delante y otra detrás, pero los padres contemplan la fiesta de ayer como una suprema victoria. La niña tuvo sus quince y fuera de eso nada importa.

Los quince de hoy no se parecen a los de mi tiempo. Todo ocurría el mismo día. Eran más espontáneos.

Ahora los quince se conciben por partes, como las frías y aburridas tomas de una película que se está filmando.

En fin, tantos desvelos y sacrificios para lograr lo único que parece ser más importante: un álbum de fotos y un video cuyo destino será ser archivados en una gaveta por los años de los años. Pero así son los quince, y primero muertos antes que dejar de celebrarlos.

CUQUITA MARTINA

Ese día la menudita Cuquita Martina iba a la bodega con una jaba colgada del brazo para sacar los mandados y andando rápido como ella acostumbraba, cuando al cruzar la calle vio correr delante de sus pies algo así como un ratón, y se detuvo asustada; pero no. Mirándolo bien era un papel, y mirándolo mejor eran diez CUC.

"Dios mío", se dijo muerta en vida, "¡diez CUC!" No podía creerlo.

Iba a correr detrás del billete, pero el viento de cuaresma lo había arrastrado a la acera opuesta, donde dos abuelitas de niños colegiales conversaban sobre un joven maestro que pedía merienda a sus alumnos. Estaban tan acaloradas con el tema que no se dieron cuenta de la presencia del billete, que había quedado en el borde del contén.

Hacía años que Cuquita Martina no se veía implicada en una situación emotiva tan fuerte.

Todavía no había logrado apropiarse del billete y ya andaba pensando en lo que haría con el dinero: comprar los materiales para arreglar la filtración de una esquina de la sala de su casa por donde, cuando llovía fuerte, entraba el agua a raudales.

Se desplazó hacia la acera, dio los buenos días a las dos señoras, y cuando se agacha para coger el billete, viene una ráfaga de viento y lo levanta como si fuera un papalote.

"Oh, Dios", dijo mirando al preciado papelito rectangular alcanzar una altura tremenda. Se trasladó a la próxima esquina donde quedó esperando a ver lo que pasaba, porque si de algo estaba dotada Cuquita Martina era de mucha perseverancia.

Por suerte la calle estaba desierta. Eran las 8 y 20 de la mañana. Los muchachos habían entrado al colegio, y el trasiego de gente que se dirige al trabajo había terminado.

Por fin el billete alcanzó la altura que pudo para luego empezar a bajar, el muy cruel, con una calma desesperante, cual una plumita balanceándose en el aire.

Cuquita Martina miró a todas partes con disimulo pidiéndole a Dios que el billete no cayera en ninguno de los patios de las casas o sobre los flamboyanes de la acera.

Mientras tanto abrió la jaba, sacó el monedero y se puso a revolver con los dedos los once pesos, treinta y cinco centavos y tres dientes de ajo (que era todo lo había en él) para disimular que buscaba algo; hasta que por fin el billete fue a parar a la esquina opuesta, casualmente otra vez al lado del contén.

Cuquita Martina vio los cielos abiertos. Tiró el monedero dentro de la jaba, miró a todas partes para cerciorarse de que no venía alguien, y cruzó la calle como un rayo.

Pero, parece que aquel no era su día. Tuvo que retroceder porque justo en el mismo sitio donde el billete yacía, apareció el perro de Gastón, un pastor alemán al que ella le temía mucho.

El perro miró el billete. Luego miró severamente a Cuquita Martina como queriendo decirle "si te acercas a cogerlo te muerdo".

De modo que se vio precisada a volver a abrir la jaba. Pero esta vez no cogió el monedero, no fuera a ser que alguien estuviera mirándola desde alguna ventana y le llamara la atención que se detuviera para ver dos veces la misma cosa. En esta ocasión sacó de la jaba la libreta de abastecimiento, y empezó a pasar sus páginas leyendo a baja voz: "arroz, granos, aceite... ¿Cuándo se irá el perro? Usted verá que coge el billete y lo destroza..."

De vez en cuando Cuquita Martina levantaba un poquito la cabeza y miraba al perro contemplar al billete y al billete como una especie de ratoncito tembloroso e inerme ante el perro. Evidentemente el billete no podía moverse. Hacía falta una ráfaga de viento para que lo compulsara y lo pusiera fuera de peligro.

A esa hora el viento se había calmado, y como si esto fuera

poco al perro le dio por tenderse en toda su extensión como si estuviera a orillas de la playa; de tal modo que la punta del hocico tocaba el billete, y ella sintió que el corazón se le había trasladado al estómago, le iba a dar un infarto.

"Ay, Dios de mi vida, usted verá que de que lo pierdo, lo pierdo", dijo pasando desatinadamente las páginas de la libreta de abastecimiento para hacer tiempo; hasta que dio con la página trece, la de los productos cárnicos, y entonces sintió como una iluminación: ir a la carnicería que estaba muy cerca, comprar el picadillo de soya que a fin de cuentas ella no lo comía, echarlo en la acera opuesta y llamar al perro.

Pero la vida no hay quien la entienda. Cuando ella casi se vuelve para ir a la carnicería, ve que el perro se levanta y se va. Así de sencillo.

"¡No! –se sorprendió Cuquita Martina radiante de felicidad–, me lo dejó en las manos". Cruzó la calle muy animada, y cuando se agacha extendiendo el brazo, viene un golpe de viento y se lo llevó.

"No, no, no...", dijo Cuquita Martina viendo que ahora el billete planeaba sobre el parque. Alguien tenía que estar moviéndolo por control remoto para divertirse con ella. Ya eso pasaba de castaño a oscuro. O era el colmo de la mala suerte. Y muy brava, bravísima y turbada por la frustración, decidió dejar el asunto.

Pero diez CUC no son cualquier cosa, reflexionó inmediatamente. Equivalen a doscientos cuarenta pesos en moneda nacional. Con eso podría comprar el saco de cemento, algo de arena y pagar la mano de obra para liquidar la filtración. Y se sentó en el parque a esperar.

El billete iba y venía como una alfombra mágica sobre el parque sin chocar contra los árboles ni el tendido eléctrico, haciendo las mismas piruetas que un murciélago. Era literalmente increíble lo que estaba ocurriendo bajo aquel pedacito de cielo habanero. Había que vivirlo de verdad.

Entre tanto, Cuquita Martina se sentía cada vez más tensa, porque estaban por llegar los abuelitos para hacer allí sus ejercicios matinales. Si veían el billete se formaría el acabose, acudirían los vecinos y todos esperarían que el billete cayera para disputárselo como cuando se rompe una piñata.

Pero como el hueso que está para uno no hay perro que se lo coma, el billete cayó a sus pies. Así no más. Y no era un sueño ni una alucinación. El billete estaba allí. Lo cogió, lo dobló cuatro veces mirando hacia los cuatro puntos cardinales y lo ocultó en su sostén.

Llegó más que contenta a su casa. Se va al cuarto, tira la jaba, tira los zapatos, se sienta en medio de la cama, saca el billete del sostén, lo desdobla ávidamente, lo pone en la sobrecama; y cuando lleva contemplándolo un rato, levanta la cabeza y queda pensativa.

Debía solucionar la filtración pero le urgía un nuevo fregadero. Le hacía falta el fregadero, pero también acabar de arreglar el sillón. Era necesario el sillón, pero más importante era comprar la pieza que le faltaba al televisor. La entretenía mucho la televisión, pero ¿hasta cuándo iba a esperar para mandar a enrollar el motor del ventilador?

Así como quien, ladrillo a ladrillo, erige una casa, ella, recordando cada una y todas sus penurias, levantó un rascacielos. Y pensando y pensando en todo lo que habría querido hacer con el billete, comprendió que casi nada podía hacer.

Aunque Cuquita Martina no era ambiciosa, y le dio gracias a Dios por el hallazgo –porque era mejor algo que nada–, no pudo sentirse bien. Se tumbó de lado en la cama, escondió la cabeza en la almohada, y en posición fetal, como un gatico ovillado por el frío y la soledad, se echó a llorar.

HASTA SHERLOCK GÓMEZ SE CORROMPE

La desaparición de las jabas en las tiendas de La Habana ya no tiene nombre. La gente no sabe a quién ni a dónde quejarse. Escriben a los periódicos. Los periódicos responden que después de haberse investigado, los principales dirigentes del ramo afirman que las jabas siguen produciéndose. Pero ¿dónde se meten? Porque a las tiendas parece que no llegan; y si llegan a las tiendas, ¿por qué no al cliente?

El cliente protesta. Le descarga al cajero porque, después que le ha cobrado la mercancía, aquel le dice que no hay jabas. El cajero, sin acalorarse –tal vez mascando un chicle y con tono indiferente– le responde que él no tiene culpa. El cliente se desordena. Grita que quiere ver urgentemente al administrador.Pero el administrador no está. Se encuentra en otra reunión; y si estuviera probablemente le diría que él tampoco sabe. El cliente sube la parada en la discusión. Amenaza con que eso no quedará así. Claro que no. Entonces anuncia que le escribirá una carta al Presidente de la República.

–Y cuando el Presidente lo sepa –dice el cliente fuera de sí en medio de la tienda–, seguro, seguro que arderá Troya.

Y con la misma se va con un pomo de aceite en la mano derecha, un paquete de espaguetis en la otra y un champú debajo del brazo. Y no hace más que salir, al doblar de la tienda hay dos señoras vendiendo jabas. Y lo curioso es que, a pesar de que el cliente ha formado tanto alboroto, compra dos.

Como la falta de jabas es un asunto tan llevado y traído, una molestia constante para tantas personas, y un misterio porque nadie sabe nada; llamé a Sherlock Gómez, ya que a mí se me hace imposible llegar a donde hay que llegar para investigar a fondo el problema.

—¿Un periodista?–, preguntan los dirigentes a sus secretarias.—¿Y de la Iglesia ? No. Dile que tiene que traer una carta autorizada por el Partido Provincial.

Y es más fácil llegar a la cima del Himalaya que conseguir esa carta.

Sherlock Gómez está viejo y retirado. Pasa los días jugando ajedrez con el vecino del frente. Le cuento el asunto y me promete que indagará para saber por dónde es que le está entrando el agua al coco. A los quince días exactos recibo del detective por correo postal la siguiente carta-informe, cuyas conclusiones me dejaron con la boca abierta.

Estimado Sabater:

Esto fue lo que pude averiguar y deducir del caso que me encargó.

No falta ningún material que impida a la industria producir las jabas de nailon. Por lo tanto, es verdad que siguen produciéndose.En mis entrevistas con los dirigen-

tes, unos dicen que hay problemas con los carros para transportarlas. Otros que sí hay carros, pero que la distribución es deficiente. Los gerentes afirman que las jabas casi nunca llegan a las tiendas. Otras fuentes me confirmaron que las jabas llegan pero luego desaparecen. Los clientes que entrevisté al azar dicen que lo que no hay es vergüenza.

Otro lado muy importante del asunto es que las jabas se venden por fuera. No fuera de Cuba. Las jabas no son un reglón exportable, por suerte. Lo que quiero decir es que se venden fuera de las tiendas. Y quienes las venden son personas muy mayores que, más que merecer una denuncia, lo que inspiran es misericordia. Tal vez por eso sean las más adecuadas para venderlas. Es decir se trata de uno de esos negocios típicos de la tercera edad −como el de vender pasta dental, maquinitas de afeitar que no afeitan o calcomanías para niños en sitios públicos.

Las áreas de venta de jabas preferentes son los alrededores de los centros comerciales, como las tiendas, agromercados y panaderías, ya que la gente que va allí a comprar necesita jabas para llevar las mercancías.

La gran pregunta, Sabater, es cómo las jabas van a parar a las manos de estos vendedores. Y como ninguno de ellos dirá el secreto, pues son viejitos pero no tontos, hasta aquí llegaron mis investigaciones.

Algo más, y es que el precio de cada jaba es a peso. Se presume que estos revendedores las compran al por mayor a unos 50 centavos cada una, de modo que, de ellos para arriba −y solo Dios sabe hasta dónde llega el tope−, lo que hay es una cadena de gente traficando jabas. Quiere esto decir que si un vendedor de jabas vende 500 en una semana (que las vende), al mes ganaría poco más de mil pesos. Y con esos truenos las jabas no podrán llegar jamás a las tiendas. O ciertamente llegan, pero unos puñaditos para que los clientes sepan que alguna vez hubo jabas.

Conclusiones del caso:

No hace falta ni siquiera estar alfabetizado para comprender que la venta de jabas es un negocio fácil y redondo; tan redondo, fascinante y contagioso que yo mismo me he puesto a venderlas.

En las tiendas de Inglaterra, por ejemplo, donde viví tantos años, difícilmente falten las jabas, pues esa carencia podría costarle al propietario que el cliente no pise nunca o durante un buen tiempo su establecimiento. Es parte inherente del servicio, como el buen trato.

Pero en Cuba –según he constatado– no hay propietarios de tiendas, sino dirigentes administrativos en quienes el Estado confía para dirigir sus empresas de mercado. Sin embargo, buena parte de esos empleados no viven de su salario sino del invento. Por lo tanto, ¿qué va a importarles si faltan o no las jabas y que el cliente se sienta satisfecho? Lo importante es "luchar" su dinero, y que salga el sol por donde salga. Y como las tiendas son pocas, todas ofertan casi lo mismo y no hay competencia, los empleados saben que los clientes tienen que seguir comprando en ellas; si no, la cosa fuera bien diferente.

No quiere esto decir que le esté haciendo el comercial al capitalismo. Pero el ojo del amo engorda al caballo.

Pensándolo bien, Sabater, yo creo que lo mejor que usted pudiera hacer es dejar a un lado este asunto. Ni usted ni nadie van a arreglar el mundo. No sea iluso, deje el periodismo y póngase a vender jabas.

Perdone mi sinceridad brutal. Y quizás hasta le parezca que yo, aquel concienzudo Sherlock Gómez en quien usted ha confiado para desentrañar este asunto, ha perdido la razón, o que soy un hombre demasiado pragmático o pesimista. Pero le soy franco: mientras el palo va y viene y se arreglan las cosas –si es que algún día se arreglan–, yo sigo vendiendo jabas. Pues a su edad, Sabater, todavía se come lo que venga; pero a la mía los médicos recomiendan una dieta de leche, verduras, frutas, pescado y pollo, y esas cosas aquí son muy caras. Y yo quiero que usted sepa que —como el más común de los jubilados cubanos— a mí tampoco la pensión me alcanza, a pesar de que consagré mi vida a una brillante carrera.

Sin embargo, como yo sé que usted es un tipo empecinado, probablemente no me haga caso y se empeñe en publicar su crónica con la esperanza de que este relajito que hay con las jabas se resuelva. Y quizás de pronto, en efecto, las tiendas se vean provistas de jabas como los campos de Cuba se llenan de verde y flores en mayo. Pero un tiempito después... ¡ay Sabater!, volverán a desaparecer de las tiendas. Pues en Cuba —según he apreciado— sucede algo muy curioso, y es que los problemas se plantean y empiezan a ser combatidos con mucho interés; pero luego las tensiones se relajan, se van olvidando de ellos y la vida sigue igual.

Gracias por su confianza.

¿Le gusta el ajedrez? Venga a mi casa una noche de estas. Embúllese. Deje de leer tanto a Larra, Rabelais, Eladio Secades, Moliére.......... Se le va a secar el cerebro. Le voy a brindar un dulce nuevo: mermelada de jabas.

POR LA BANDERA

Eran los días del período especial, cuando en Cuba se vivían escenas propias de Macondo. Llegó a mi casa un amigo que hoy vive en Atlanta acompañando a un gordito español, y después de presentarnos me dijo:
 —Este es el hombre.
 Hablamos un rato y me soltó el paquete.
 El asunto es que el español estaba muy interesado en comprar una bandera mambisa. El amigo mío sabía quién podía facilitársela, pero su padre estaba muy enfermo. No podía acom-

pañar al extranjero a Santiago de Cuba, y habló conmigo para que lo llevara hasta la casa de la familia que poseía la bandera.

Por aquellos tiempos ya yo no leía a Emilio Salgari ni a Jack London, pero seguían gustándome las aventuras. Eso de recorrer casi toda la isla en pos de una bandera legendaria tenía mucho de vuelo literario, y acepté con gusto.

No me detendré a contar los avatares del camino hacia Santiago. Solo decir que fuimos en un tren cuya trayectoria duró 34 horas, al final de las cuales llegamos hecho talco.

Ahora no recuerdo cómo se llamaba el pueblo donde vivía la familia que atesoraba la bandera. Lo que sí sé es que para llegar a él todavía había que recorrer un mundo. Y decidimos alquilarnos un día en Santiago para continuar viaje al siguiente.

El alquiler que encontramos así de prisa fue una habitación pequeña con dos camas personales y un baño de un metro por metro y medio, una meseta de cemento sin pulir sobre la que había una cocina de dos hornillas, un refrigerador INPUD, un closet con seis percheros, una mesita de noche y un viejo radio Motorola que solo cogía tres estaciones.

Un día se pasa debajo de una piedra, y con lo extenuados que estábamos aquello era la gloria. Me di una buena ducha y luego nos sentamos en el borde de la cama para comer un arroz frito que habíamos comprado en un par de cajitas, sin frijolitos chinos y muy poca sal, pero con un apetito tan brutal que no echamos a ver sus carencias.

Luego me acosté en la cama con la plácida idea de leer un cuento de Salinger, pero el sueño me derrumbó antes de llegar a la tercera página.

Creía yo que iba a domir... ¡qué ingenuo! El gordito de la madre patria con bigotico hitleriano dijo a roncar que aquello no tenía nombre. Parecía que, en lugar de haber comido arroz frito, había cenado arroz con león. ¡Qué manera de roncar aquel hombre, mi madre! Cada vez que emitía un rugido estremecía la cama.

Desesperado por aquel ruido que no me dejaba dormir ni con la almohada en la cabeza, me acordé de un remedio de mi abuela, y puse mis chancletas en cruz debajo de su cama, pero nada. Traté de recordar si habría algún santo a través de cuya intercesión se dejara de roncar, pero creo que no hay ninguno.

Conclusión: no pude pegar los ojos esa noche, por lo cual me acordé mucho de aquel domingo 21 de febrero de 1960 en que Dios quiso que yo llegara a este complicadísimo mundo, en Maternidad Obrera a las dos y veinte de la tarde, después de que —según me contó mi madre— ella se tomara un jugo de naranja muy frío.

Benito, que así se llamaba el español, despertó más fresco que una lechuga. Le sugerí algo tan interesante como si no le parecía bien salir para desayunar y continuar viaje, pues desde que habíamos partido de La Habana el peninsular solo había comprado cuatro cajitas de jugo, dos bocaditos de queso, una botella de agua mineral y dos cajitas con un arroz que nos habían dicho que era frito.

Creo que el pueblo al que debíamos llegar se llamaba Cantalarrana o algo así de surrealista y sugestivo. Alquilamos un automóvil en la Plaza de Marte que solo nos pudo llevar hasta un sitio porque, según nos dijo el chofer, a partir de ahí todo lo que había era monte.

En aquel paraje teníamos que esperar un vehículo que le llamaban el trompo.

Nos sentamos en una gran piedra que había a la orilla del camino a esperar el transporte intramontano. Yo miraba a mi alrededor y lo que veía eran matas, pájaros y color verde, todo ello animado por un coro de trinos y chirridos.

Para matar jocosamente un poco el tiempo le pregunté a Benito si sus padres lo habían llamado así por el escritor Benito Pérez Galdós o por el dictador Benito Mussolini. Me respondió que así se llamaban casi todos sus antepasados.

Como vi que el gordito comenzó a dar unos cabezazos rendido por el calor y allí estábamos más solos que una isla en el océano, para evitar que se durmiera, me disparé a hablar como un papagayo. Y le conté, por ejemplo, que en Cuba se habían publicado todos los Episodios Nacionales de Galdós, cuyas novelas leí en mi temprana juventud; y otras del célebre escritor español, como *Doña Perfecta*, *Fortunata y Jacinta* y *Misericordia*. Pero a él le importó un comino, y a mí menos que a él no le interesara. Lo mío era mantenerlo en vigilia.

En verdad no nos conocíamos. Habíamos emprendido un largo viaje pero sin la menor idea de quiénes éramos nosotros. Y me pidió que le contara algo de mi vida mientras seguíamos esperando por las vueltas que daba el trompo para llegar allí.

Le dije lo que le digo a todo el mundo: en primerísimo lugar que era de Regla, de un reparto que se llama El Modelo, donde pasé los mejores días de mi vida. Y que de niño cazaba lagartijas y me las ponía vivas en el lóbulo de la oreja como si fueran aretes. El gordito se rió y me dijo que yo era un tipo divertido (menos mal, porque así no se me dormía y yo temía quedar allí solo, despierto). Me pidió que cazara una largartija para vérmela puesta como arete. Le prometí que sí, sabiendo que no lo haría, pues ya yo estaba un poco viejo para eso. Le conté otras anécdotas curiosas de mi juventud, y él se reía como loco..., y yo mirando para ver si aparecía el trompo. Pero el trompo no asomaba, y se me acabó el repertorio. Entonces le dije que me hablara un poco de él.

Me informó que era dueño de un bar en Barcelona y coleccionista de armas coloniales. En cierta época del año se dedicaba a viajar para adquirir ese tipo de cosas. Se había casado dos veces y tenía tres hijos. No dio más detalles. Solo agregó que llevaba una vida a veces muy aburrida, a pesar de todo. Y dijo así, un poco filosóficamente: "Ah, la vida", como lamentándose discretamente de ella, y se quedó mirando a un punto fijo.

Yo le dije que no era la vida sino los hombres, unos animalitos muy depredadores pero no solo del medio ambiente, sino de nosotros mismos. Pero él, como si no me hubiera escuchado, continuó diciendo: "...la vida... ese escabroso juego de poderosas e influyentes voluntades..."

Le comenté que si uno se pone a analizar, en eso ha consistido la historia. El pez grande se come al mediano y este al chiquito, y los chiquitos, en lugar de protegerse mutuamente, se aniquilan entre ellos.

En esa filosofía callejera nos sorprendió el trompo, que no era una guagua sino un camión con caseta, una escalera de hierro y dos tablas laterales para sentarse.

—¿A dónde van? —preguntó el cobrador, y le dije el nombre del pueblo.

El camión se fue dando bandazos por el camino sinuoso y polvoriento. A la media hora, Benito me comentó que estaba tan entumecido que percibía la incómoda sensación de que no tenía cuerpo. El trompo, fiel a su nombre todo el tiempo, subía y bajaba y doblaba mientras el polvo entraba por cualquier parte, dejando y recogiendo campesinos humildísimos con botas de goma, sombreros de yarey y machetes a la cintura. Llegaban, se sentaban, nos echaban una tímida ojeada; luego bajaban la cabeza y permanecían sombríos durante el accidentado trayecto.

Le pregunté al cobrador si faltaba mucho. Me respondió que llegaríamos después de dos paradas; pero entre una y otra parada mediaba un mundo.

En eso el trompo comenzó a subir tremenda pendiente. Sentí saltos en el estómago. Si ese camión se iba para atrás no haríamos el cuento, y todo por ver una banderita…

A esa hora en que el trompo estaba casi vertical subiendo la loma, fue que se me ocurrió pensar que yo no tenía que haber ido, y que si el camión se iba hacia abajo, la verdad es que yo mismo había comprado mi muerte. Pero se niveló y por fin llegamos.

Nos bajamos y fue como si tuviéramos que aprender a caminar de nuevo. Cuando miré alrededor vi tres casitas hechas con tablas de palma y techo de guano. Inmediatamente sus moradores salieron. Parece que cada vez que el trompo llegaba ellos salían para ver quienes venían. Eran un hombre y dos mujeres ya maduros, una viejecita como de cien años con una bata de casa que parecía un trapito, y tres niños pequeños que estaban como Dios los trajo al mundo. Nos observaban a Benito y a mí como si fuéramos extraterrestres. Y yo a ellos como si fueran gente de las margenes del Orinoco o del Amazonas.

Me dirigí al hombre para preguntarle por la familia que buscábamos, y me dijo alzando un brazo:

—¿Ustedes ven ese trillo que nace ahí?, pues por ahí derecho y del otro lado del aserrío.

La certidumbre de que, por fin, habíamos llegado a nuestro destino, comenzó a tranquilizarme; pero como ya era poco más del mediodía, le aconsejé a Benito que tratara de no demorar mucho en las conversaciones de negocio, no fuera a ser que nos cogiera la noche esperando al trompo o que el trompo no pasara, que entonces sí íbamos a saber lo que era casquito de dulce de guayaba porque nos acribillarían los mosquitos.

—Tranquilo —respondió el gordito españolito andando con tiento entre las piedras del aserrío para equilibrar su peso y no caerse. Y no hicimos más que pasarlo, vimos la casa.

Desde que entramos, le eché el ojo a la sala; no digo yo si aquella gente tenía que estar desesperada por vender la bandera.

Nos presentamos y dijeron que nos sentáramos en un par de taburetes, y mientras nos hacían café, Benito entró en materia con el señor que parecía llevar la voz cantante de la familia, un hombre alto y fuerte de mandíbulas prominentes y de unos cincuenta y tantos años, con sombrero de yarey y machete a la cintura y unas botas de cuero.

Estaba toda la familia: desde la esposa de esta especie de patriarca que acabo de describir, sus siete hijos, dos niños que podían ser sus nietos, hasta sus padres ancianos. Todos de pie frente a nosotros, como si se hubiera abierto la sesión de un tribunal pero en este caso de cuentas.

—Lo que nosotros queremos comprar es un televisor de esos nuevos donde se ven las cosas con colores —confesó el patriarca—, y a mí aquello (a pesar de mi sentido del humor), en lugar de darme gracia, me partió el alma.

—Y una batidora, Felo —se apresuró a decir su esposa.

—Y un colchón para mí y tu padre —dijo la señora mayor.

—Ah —agregó Felo— y un colchón para los viejos.

Y sin decir más le hizo entrega a Benito, con cierto gesto ceremonioso, de una de aquellas cajas metálicas redondas donde, hace muchos años, venían las galleticas finas y los bombones, dentro de la cual estaba la bandera mambisa.

Benito abrió la caja con mucho cuidado, sacó la bandera y la desenvolvió para observarla minuciosamente a trasluz. Tendría unos tres cuartos de metro de largo por medio metro de ancho. Se conservaba bien, aunque se le veían esas manchas amarillentas y pardas de humedad.

—Lo más que puedo pagar por ella son cien dólares —dijo Benito después de escrutarla un rato.

Toda la familia se miró.

—Con eso no nos alcanza ni para comprar el televisor —aclaró Felo.

—Ciento cincuenta está muy bien —dijo Benito—, y no se hable más.

La familia volvió a mirarse.

—A nosotros nos dijeron que esta bandera vale más de mil —reveló uno de los hijos.

—Pues dígale al que se lo dijo, si cree que vale tanto, que la compre él —sentenció Benito.

Hubo un silencio que comenzó a inflamarse de tensión.

—Pues si no paga mil, compay, el negocio se cierra aquí —dijo Felo, y apoyó una mano sobre el cabo del machete. Y cuando yo vi eso, pensé que la escena estaba cogiendo aspecto de terminar como la fiesta del Guatao.

—No hay acuerdo —dijo Benito y se puso de pie, y por supuesto yo también que estaba loco por irme de allí.

—Entonces, papá, ¿no la vas a vender? —intervino una de las hijas más jóvenes.

—Por mí, ya no —dijo enfáticamente Felo, y en eso me vino a la mente la protesta de Baraguá. Algo de esa atmósfera, creada entre el guajiro intransigente y el peninsular prepotente, me pareció que había allí.

Volvió el silencio. Casi se iba a reventar de tensión.

–Señor Benito –intervino otra vez aquella hija del patriarca–, además de la bandera, nosotros también tenemos el sombrero y las espuelas con las que peleó mi tatarabuelo mambí. A lo mejor con eso podemos hacer el completo para comprar el televisor.

–No se hable más, caraj... –gritó Felo–. Ya no la vendo ni por diez mil –y salió de la casa que parecía un ciclón.

La familia, de pie, estaba como rígida. Todos miraban fijamente a un punto perdido del espacio, como piezas de un museo de cera.

–Lo que tenemos que hacer es someterlo a votación entre nosotros –propuso la hija–. Pero, claro, a él nadie aquí lo va a contradecir.

Yo estaba más frito que un sofrito.

–Benito –dije–. Yo creo que lo mejor es ir caminando.

Y así terminó la cosa. Ellos se quedaron con la bandera y Benito con su dinero. Nadie resolvió lo que quería. O tal vez sí: Felo. Creo que él lo resolvió sin resolverlo.

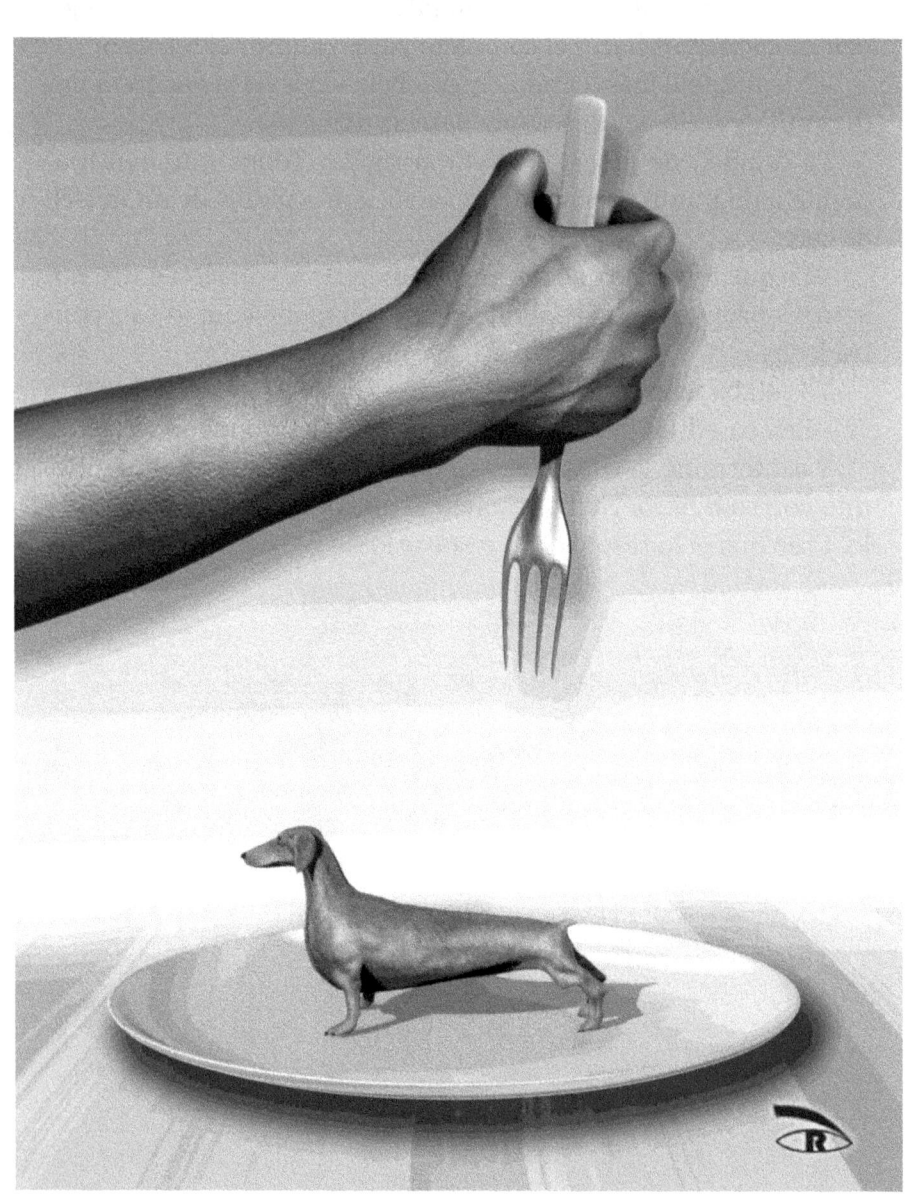

LA DAMA DEL PERRITO

Un lector cuyo nombre –por razones obvias– cambiaré por el de Serapio me dirigió una carta notablemente afligido. Cuenta que lleva ocho meses de casado y hace dos comenzó a sospechar que quizás su esposa padezca de una neurosis obsesivo-compulsiva, pues casi todos los días cocina perritos.

"Durante las primeras semanas de casados, estimado Sabater, estaba tan enajenado en la luna de miel que no me di cuenta de la anómala frecuencia con que mi mujer se desatinaba cocinando esos embutidos. Pero después, cuando las aguas cogieron su nivel, me llamó la atención su monotemática tendencia culinaria"

Serapio destaca que solo los domingos ella deja fuera de combate a los perritos para alegrar su sistema digestivo con una cena categórica.

Sin embargo a pesar de las limitaciones del repertorio culinario de esta familia, la esposa de Serapio es una cocinera creativa, pues se las arregla muy bien para poner en la mesa el mismo perro pero en diferentes modalidades: perrito frito, perrito en salsa, perrito con revoltillo, tortilla de perrito, perrito con espaguetis, puré de papa con perrito, pan con perrito, papa rellena de perrito, croquetas de perrito y perrito con huevo hervido.

El 4 de abril pasado Serapio acompañó a su esposa a la consulta del sicoanalista, quien después de sumergirse en las profundidades del inconsciente de la dama del perrito hasta llegar con sus preguntas a los días más remotos de su infancia, descubrió que la probable causa de su obsesión podría deberse a las frustraciones de la muchacha cuyos padres siempre le prohibieron tener un perro como mascota.

"Figúrese, Sabater, después de ese dictamen con esos truenos no hay quien duerma. Nos hemos sentado a conversar sobre este delicado asunto varias veces. La última, que fue anteayer, le advertí que si continuaba agrediendo a mi organismo con perritos me divorciaré. Pero ella solo sabe llorar y decirme que si le pongo en la mano más dinero otro gallo cantaría."

"¿Qué más dinero puedo darle que casi todo el de mi salario? ¿Qué más dinero puedo dar?. Soy técnico en informática; no trabajo en un Cupet ni en un agro mercado ni en Vivienda, donde las ganancias por trámites de permutas hasta permiten comprar un carro."

La verdad es que Serapio me la ha puesto en China. No entiendo por qué me dirigió esta carta si yo no soy chef de cocina. Quizás considere que de su drama yo pudiera hacer un artículo costumbrista.

Y si usted supiera Serapio que yo también sangro por la misma herida, pues si a su mujer le da por cocinar perritos, a la mía el picadillo de pavo. Si la llevara a un sicoanalista tal vez él llegaría a la conclusión de que ella sufrió un amor imposible con Pavarotti.

Nunca, Serapio, sospeché comer tanto pavo molido, y mucho menos a mis 51 años, a cuya edad lo menos que esperaba cuando yo tenía veinte era que la alimentación continuara siendo un problema diario. Pero el hombre propone y Dios dispone.

A mí me gusta el pavo entero, ese que se exhibe bien gordito en las neveras de los mercados, pero me costaría el salario de dos meses y medio de trabajo. Moraleja, Serapio: si del lobo un pelo, del pavo el picadillo. Es preferible al picadillo de res importado o cubano cuyo 30 por ciento es pellejo.

Yo también senté un día a mi mujer para hablar con ella a lo cortico.

—Oye, no solo de picadillo de pavo vive el hombre —le dije.

Ella me respondió:

—¿Ah, sí?. Está bien.

Y desde entonces en mi casa el pavo se alterna ¿usted sabe con qué?: precisamente con perritos o esas hamburguesas de carne que al freírse huelen a infierno y saben a rayo.

Usted se refería a las múltiples formas con que su mujer cocina el perrito. ¿Y ha visto usted las múltiples formas en que se comercializa el pollo?: muslo de pollo, muslo y contramuslo, el hígado, la molleja, el carapacho, la pechuga, el pescuezo, picadillo de pollo curado, picadillo de pollo condimentado, croquetas de pollo, hamburguesa de pollo, albóndigas de pollo y hasta pollo en pastilla. Es una falta de consideración al pollo. Se han ensañado con el noble animal. No basta con matarlo para venderlo completo. Lo descuartizan y a cada una de sus partes le ponen un precio.

Antes el huevo era el campeón de la mesa cubana. Ahora el perrito, el picadillo de pavo y las croquetas criollas le hacen la competencia, mientras las hamburguesas creen que no van mal los de alante si ellas –las de atrás– corren bien.

¿Se ha detenido usted a observar la cara triunfal que manifiesta el cubano cuando lleva entre sus manos un cartón de huevos para su casa?

¿Ha escrutado ese rostro cansado al que sin embargo en ese instante no le cabe un gramo más de alegría?

La alimentación, Serapio, sigue siendo otro de nuestros viejos problemas pendientes.

Considerándolo bien no debemos juzgar a nuestras mujeres por ese humilde plato que nos ofrecen. Desde que ellas se levantan de la cama ya están pensando lo que harán de comida.

Es una verdadera batalla de ideas que hay que librar en ese campo de batalla que es la cocina, donde la lucha es muy desigual porque la imaginación y la buena voluntad contienden contra las numerosas carestías.

En esa guerra cotidiana nuestras damas han desarrollado la portentosa creatividad de aquel simpático personaje de *Las mil y una noches* que se llamó Scherezade, quien, por cierto, creo que fue la primera mujer que –apremiada por difíciles circunstancias de la vida– aprendió a vivir del cuento.

Además de cocinar para nosotros sus esposos y el resto de la familia, desde un día antes nuestras madres y abuelitas previeron lo que darles a nuestros hijos para que merienden y almuercen mañana en la escuela.

¿O cree usted que esos niños y adolescentes, a los cuales se les suprimió la cuota de leche a los siete años para darles una bolsa de yogur aguachento, pudieran sostenerse todo el día con esa precaria ración que les ofrece la administración del colegio?

La suerte es que el cubano, como el mago, la saca debajo de la manga. Las vicisitudes nos han obligado a ser luchadores. Nos cierran las puertas y salimos por las ventanas. Nos clausuran las ventanas y cavamos un túnel en la tierra. Siempre fue así desde la colonia. Esa picaresca ha sido un elemento permanente de nuestra idiosincrasia. De otro modo no pudiera explicarse por qué hemos sobrevivido.

¿Imagina usted de cuánta masa encefálica fértil dispondríamos para cultivar ideas más dignas de nuestros tiempos, si le quitáramos ese lastre que es tener que vivir concentrados en

lo que cada día vamos a comer, cómo nos irá hoy con el transporte y el salario que no alcanza?

Solo pensando en ello el cubano consume diariamente buena parte de las energías de su cerebro. Apenas hay tiempo para ocuparse de asuntos más elevados.

Nuestra vida cotidiana casi consiste en resolver necesidades primarias. En esto no hemos logrado aventajar al hombre primitivo. Ellos iban a buscar su sustento armados con palos, piedras, arcos y flechas. Nosotros ya no somos tan violentos en ese aspecto; pero salimos a la calle como en pie de guerra provistos de jabas y mochilas a la caza de la presa, llámesele pan, perritos, salchichón o croquetas... Y a pesar de que estos menesteres nada espirituales nos ocupan y preocupan, aun sacamos tiempo para dárnoslas en parques y esquinas de filósofos, políticos, economistas, deportistas, científicos y poetas. Con el perdón de los machistas: somos más versátiles que esas vedettes de teatro. Bailamos y cantamos con la música que nos pongan o nos impongan.

Y esta peculiaridad del cubano, que ha contribuido a hacernos la vida un poco más llevadera, le ha venido como anillo al dedo a los gobiernos, que nos han amoldado como una plastilina.

Pan con perrito, huevo, picadillo de pavo, croquetas criollas y circo, Serapio. Y no tema. Aquí nadie muere de hambre, aunque muchos no estemos adecuadamente alimentados.

Y no deje a su mujer por nada del mundo. Como están las cosas en nuestros tiempos y lo poco material que usted puede ofrecerle, si su esposa no fuera de ley ya lo habría abandonado.

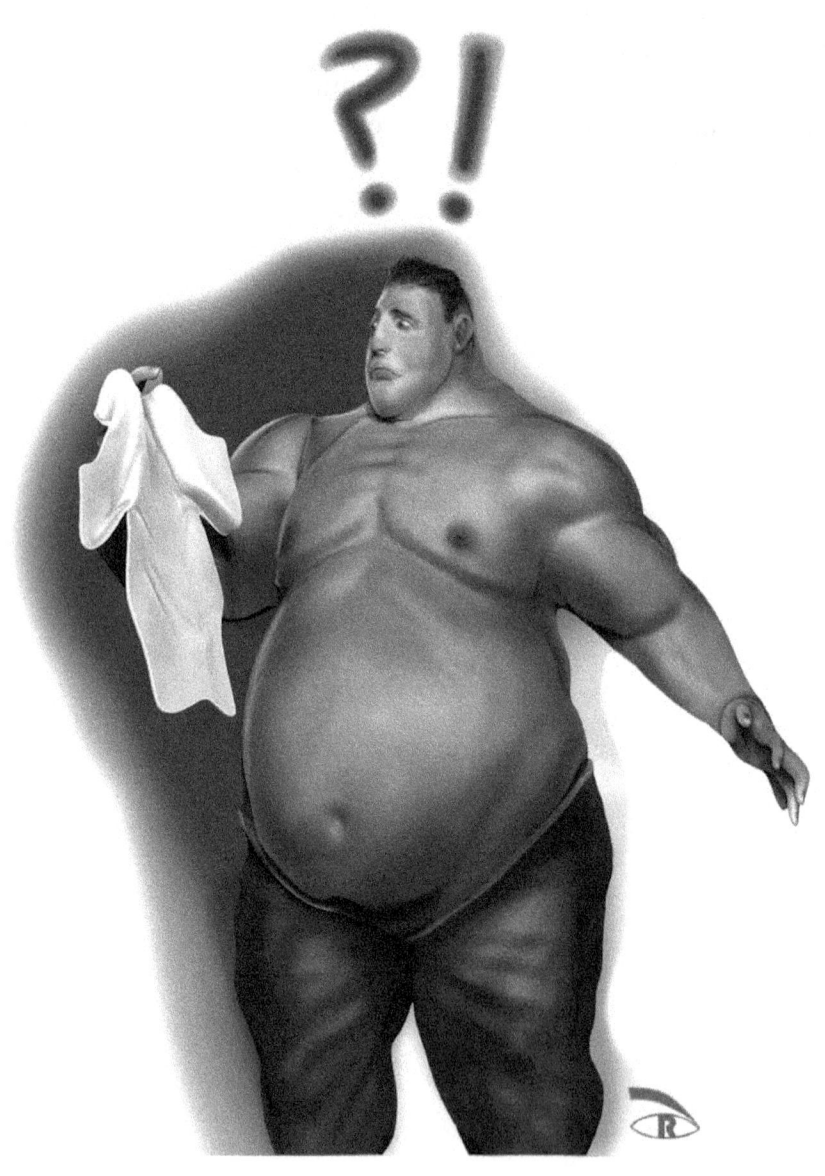

QUE VIVA EL GORDO

El conflicto social de los pasaditos de peso comienza en su primer día de clases, cuando algunos condiscípulos suyos se empeñan en cogerla con ellos.

¿Qué le han hecho los gorditos al mundo? Nada. Pero es como si, cual una especie de multa, tuvieran que pagar por su exceso de peso, o sencillamente por la diferencia.

En la formación del colegio, mientras el niño obeso permanece de pie atendiendo a las actividades del matutino, algún egocéntrico se le acerca por detrás para halar su camisa.

Si la responsable del aula es una gordita que vela celosamente por la disciplina, algunos varones, sin consideración a su género, no solo le dicen chivata sino le gritan ballena.

Si se perdió una merienda, le echan la culpa al gordo.

Si hay una fiesta, la gente quiere que baile el gordo.

Si se encuentra en la playa descansando en la arena, siempre habrá un par de ojos pendientes a que se levante para verlo dirigirse al agua, y luego salir de ella.

Si va a la tienda para comprarse ropa, da la impresión de que los fabricantes no lo tienen en cuenta, pues la gran parte de las tallas no se adecuan a la suya.

Con el flaco no sucede nada de esto. Cuando algunos se dirigen a saludarlo, le dicen: "Hola, flaco"; pero no ocurre igual con el obeso, a quien saludan: "Hola, gordo". Lo de flaco suena con cariño; lo de gordo, casi siempre despectivo.

¿Es que los flacos son amables y los gordos repudiables?

¿Qué tiene el gordo?: grasa. ¿Y el flaco?: huesos. ¡Ah, pero se ensañan con el gordo!, hasta que un día se cansa y le da un piñazo al primer chivador que aparezca. Un puñetazo con todo su potencial energético.

Y allá va eso: a correr todo el mundo. Se soltó el gordo. Es como un King Kong sin cadenas.

Hasta ese día era bueno, un pan con ojos..., claro, porque se dejaba hacer lo que los demás quisieran. Ahora comentan que es abusador y se aprovecha de su fuerza.

¿Y nadie lo sospechó? ¿A nadie se le ocurrió calcular el piñazo de un gordo?. Tanto va el cántaro a la fuente hasta que se rompe. ¿Y qué pensaban? ¿Qué el mondongo era carne? ¿Qué la fiesta con él era eterna? No. El gordo tampoco es de piedra.

Hay que aconsejarles, claro, que hagan ejercicios, se sometan a una dieta, que no está bien el exceso de peso.

¡Pero dejen que viva el gordo, por Dios! Incluso si quiere seguirlo siendo. ¿Qué nos importa si piensa en comer y sea ocioso? Ese es su problema.

A fin de cuentas suelen ser pintorescos.

Yo me maravillo al verlos comer extasiados con su feraz y hasta envidiable apetito. No hay una actitud personal más soberana en la Tierra que ese modo anárquico con que ellos alimentan a sus células, convirtiendo en un acto sublime un hecho tan habitual como la necesidad de nutrirse.

Igual sucede con su carácter. Muchos de ellos son ocurrentes, y manifiestan un modo de ser a tono con su flema, que da la impresión de que nada los sorprende ni atormenta.

Después de los difíciles momentos por los que tuvo que pasar durante su niñez y adolescencia, al tener que lidiar con personas empeñadas en pasar un "buen" rato a su costa, el gordo, cual un gladiador victorioso, nos enseña otra cara: la de su total indiferencia, y un nuevo estilo de vivir, a su aire, mientras se pasea felizmente entre flacos y atléticos que parecen olvidar que ellos tampoco son perfectos.

LA ENVIDIA

La Academia de la Lengua define la envidia como tristeza o pesar del bien ajeno. También como emulación o deseo de algo que no se posee. Pero esto es lo que dice la academia. En la vida real la envidia viene siendo como el cáncer del alma.

Se parece a una cápsula de vitaminerales en que es un sentimiento compuesto por otros sentimientos, ya que no se es envidioso y punto, como decir se es pesado, alardoso o autosuficiente. Se es envidioso e hipócrita, rencoroso, calculador y egoísta, entre otras muchas cosas..., todo mezclado, como un batido con todos los ingredientes de las bajas pasiones.

Lo curioso de la envidia es que no siempre se percibe. Se esconde detrás de la mirada tierna, indiferente; de una frase cordial o lisonjera; de una sutil acusación que se desliza en un comentario que aparenta ser casual, como quien no quiere decir pero dice; o a través del silencio cómplice que puede dejar al envidiado en la más inerme o desesperada soledad.

La envidia no tiene edad, sexo, raza, condición, contexto determinados; y la sienten hombres ilustres o pobres diablos, inteligentes o torpes, con religión o sin ella, con distinciones o no, valientes y cobardes, generosos o ruines, con poder o sin él.

El envidioso se vale de sus bajas pasiones como tentáculos para atrapar y liquidar a su envidiado, a quien desea ver en el fracaso de un proyecto, el entredicho, el error, el *escache*, la quiebra, el deshonor...

Como la mala hierba, la envidia brota dondequiera, pero solo en quien la quiera, pues nadie envidia contra su voluntad sino por ella. Sin embargo difícilmente haya un ser más infeliz que el envidioso, quien no encuentra remedio para su tormento, pues para erradicar la envidia no hay tabletas, pomadas, jarabes o inyecciones. Si el envidiado alguna vez cayera en desgracia, esto tampoco calmaría al envidioso, quien buscaría a otra persona que pudiera envidiar; como la boa después del descanso que le impuso la digestión de su presa, pasada la cual se da a la tarea de volver a la selva para buscar a su nueva víctima.

Así como el odio engendra violencia, la envidia multiplica el rencor y la amargura. Sufre más el envidioso que el envidiado, pues se obstina en apropiarse de lo que no le pertenece. Si tuviera un relámpago de lucidez, el envidioso descubriría que es una persona sin paz y vacía. Sin paz porque la envidia es una guerra de remordimientos que no conoce la tregua. Vacía porque vive tan pendiente de lo que envidia que se encuentra impedido de ocuparse de lo suyo. Le preocupa más espiar a su prójimo desde su portal, su balcón o su puesto de trabajo para ver la caída de su presa, que intentar obtener lo que envidia mediante la noble aplicación de sus propios dones y esfuerzos.

El envidioso solo tiene una opción para salir del embrollo en que su mezquina ambición lo ha sumido. Y esa elección es darle un giro verdaderamente humano y sincero a su vida. Pero para eso, le haría falta ese Amor del que nos habla el Apóstol Pablo, sin el cual nada genuinamente bueno sería posible.

EL PLATANITO

En los últimos años las altas temperaturas son cada vez menos soportables. con numerosas enfermedades. Se muere a consecuencia de olas de calor, y se multiplican los agentes que nos contagian antes mi vecino Gelasio recibía el verano con suma alegría; ahora no tanto.

Como el calor provoca considerable pérdida de potasio, y este mineral lo contiene en abundancia el platanito, Gelasio compró uno en la esquina de Reina y San Nicolás; y dice que cuando doblaba por Reina hacia Galiano, se dio cuenta de que aún tenía la cáscara en una de sus manos.

Gelasio era un poco regado en asuntos de libros y papeles, pero bastante preocupado por las normas de urbanidad e higiene. Le parecía que si botaba desechos en la calle, era como si estuviera haciéndolo en el suelo de su casa. Era un poco obsesivo con eso, vaya.

Era sábado, y si usted es habanero sabe que por los soportales de Galiano siempre hay un hormiguero de gente.

Se dirigía a la tienda La época para comprar un par de zapatos, pero en Galiano y San Rafael se encontró con Richard, amigo suyo de los viejos tiempos escolares. Le fue a dar la mano para saludarlo, y menos mal que se acordó de que en ella llevaba la cáscara del platanito y le extendió la otra, si no tal vez Richard habría pensado que Gelasio pretendía regalársela. Se pusieron al corriente de sus vidas y luego se despidieron.

Cuando llegó a la entrada de La época, todavía Gelasio no

había encontrado un depósito público para botar la cáscara. Quedó considerando si echarla en el suelo o seguir cargando con ella en la tienda. Y lo que se le ocurrió fue envolverla en el pañuelo y guardarla en el bolsillo del pantalón.

Al comentarme eso durante su relato, casi muero. ¿Cómo pudo este hombre coger su pañuelo para meterse la cáscara del platanito en un bolsillo? ¿Sería cretino? Podía echarla a través de las rejillas de uno de los alcantarillados que están próximos a la acera. Pero eso no iba con él. Si lo hacía lo embargaría un gran complejo de culpa.

Finalmente entró a la tienda. Después de subir tres pisos porque el ascensor, como casi siempre, estaba roto, no encontró los zapatos que quería. Le gustaron unos carmelitas brasileños, pero costaban tanto que ni soñarlo.

El asunto fue que salió de la tienda para dirigirse al establecimiento de artesanos que está frente a La época (le habían dicho que allí se oferta buen calzado), y cuando se disponía a cruzar la calle, estornudó dos veces; sacó el pañuelo para limpiarse la nariz, y cayó la cáscara del platanito, pues ya no se acordaba de ella. Sintió pena, y la recogió inmediatamente para evitar que los demás creyeran que la había botado en la calle.

La historia del platanito comenzó a fastidiar a Gelasio. Ya no le interesaba tanto comprar los zapatos como acabar de botar la cáscara. Le parecía que ella ejercía en él cierto vasallaje obligándolo a llevarla.

Dice que continuó por la calle Neptuno pensando: "¿Hasta dónde voy a llegar con esta cáscara en la mano, mi madre? ¿Será posible que regrese a mi casa con ella?"

Se había abstraído en este monologo interior, cuando a unos metros delante de él vio a un hombre llevando un cubo con sancocho que iba de lo más campechano.

"Esta es la mía", se dijo, y apresuró el paso con la intención de aproximarse para echar la cáscara en el cubo sin que el hombre lo notara. A fin de cuentas lo que el señor llevaba era sancocho. Pero con él iba un perro, y en cuanto vio acercarse a Gelasio, comenzó a ladrarle. El colmo de la mala suerte.

Así, con un sentimiento de frustración, Gelasio llegó al Parque central con la misma cáscara del platanito que había comprado en Reina y San Nicolás. El platanito le había hecho digestión y él todavía andaba penando con su cáscara. Y todo, sencillamente, por cumplir el deber ciudadano de no echarla en la calle.

"¡Qué trabajo cuesta a veces querer hacer bien las cosas en Cuba!", se dijo el bueno de Gelasio. "¿Para qué nos dicen que debemos cuidar nuestro entorno? ¿Para qué esos discursos sobre el medio ambiente si ni siquiera hay papeleras públicas?

Se sentó en uno de los bancos de mármol del Parque central, al lado de un señor con cara de padecer serios conflictos en su vida. Gelasio abrió la mano y contempló la cáscara... Eran cuatro pedazos. Nada menos que cuatro, y debía tragárselos sin mostaza ni nada... Demasiado fuerte la experiencia, pero ya le molestaba seguir cargando con eso.

Volvió a mirar la cáscara..., esta vez hasta con cierto cariño, como despidiéndose de ella después de haberla llevado más de una hora en la palma de su mano, en cuya intimidad habían confraternizado.

Era un tipo irremediablemente sentimental. Reconocía que siendo así no se llega muy lejos en la vida; pero lo mataban las emociones. De verdad que lo mataban.

Ahora no discernía lo más conveniente: si botar la cáscara o comérsela. Botarla era impensable para un ciudadano como él. Comérsela era como un asesinato antropofágico, pues de tanto haberla llevado la había humanizado cual una amable mascota.

Gelasio observó discretamente al hombre que estaba a su lado. Estas personas que suelen sentarse en los parques casi siempre tienen problemas. Pensó regalarle la cáscara del platanito. Tal vez le daba por comérsela. Pero su preocupación no era de estómago. Su problema parecía ser con la vida.

"Cuatro pedazos de cáscara, Dios mío", se dijo Gelasio mirándolos detenidamente. "Y crudos, algo gruesos, sin un poquito de sal ni mayonesa. Si al menos estuvieran hervidos..." No. ¡Tenía que comérselos!. Tenía que acordarse de sus ancestros, del hombre de las cavernas que pervive en nuestro inconsciente colectivo y comía hasta piedra. Pero no encontraba valor para llevarse la primera cáscara del platanito a la boca, cuando se le ocurrió mirar la estatua de Martí en el centro del parque, y recordó aquella lapidaria frase suya de que nuestro vino es de plátano y amargo, pero es nuestro vino... Y esa fue la gota que colmó la copa: y así sin más, se lo llevó a la boca.

Por fin Gelasio se había decidido. Pero aquel primer pedazo de cáscara, como casi toda rara experiencia alimenticia, no lograba tragarla. La mascaba y mascaba como un rumiante. No se decidía a darle luz verde para que transitara al tubo digestivo. Para que usted comprenda bien: dice que le sabía a una mezcla de platanito y periódico mascado. Gelasio conocía como era el sabor del periódico porque de niño, según le contó su madre, se entretenía en comer pedazos de Granma y Juventud Rebelde; pues a él, por el contrario de lo que suele sucederle a otros niños, nunca le dio por comer tierra sino impresos. Quizás era un modo muy rudimentario de manifestar su vocación por las letras: era profesor de Español y Literatura.

Finalmente, estimulado por aquella oportuna sentencia del Apóstol, la tragó sin dificultad; y como uno se acostumbra a todo, la segunda cáscara pasó mejor, y la tercera ni hablar..., y la cuarta le sabía a faisán de la India.

—Qué rica estaba esa última, mi madre... —me confesó—. Me da pena decirlo, pero qué sabrosa estaba...

Es increíble lo que uno va descubriendo a lo largo y ancho de la vida.

Dice que el hombre que estaba a su lado lo observaba cada vez con más asombro, quizás pensando que en este mundo siempre hay alguien cuya situación existencial es peor que la de otros; así que —a juzgar por su cara angustiada— si premeditaba suicidarse aquel día, probablemente no lo hiciera, pues constatar una experiencia tan inhabitual como aquella, podía cambiarle los planes más inexorables a cualquiera.

Después de contarme esta anécdota, el ingenuo y bueno Gelasio me preguntó qué me parecía. Yo le respondí que, para serle sincero, me había parecido un imbécil.

—Me tiene sin cuidado –dijo–. Fui fiel a mí mismo. No eché la cáscara en el suelo.

Pero por poco se muere. Estuvo una semana a base de té de manzanilla, puré de malanga y metoclopramida.

EL JEFE

La existencia del jefe se explica porque en un grupo de personas alguien tiene que llevar la voz cantante.

En la antigüedad el jefe se fajaba con un mamut y no le importaba morir en esa horrible contienda. Cuando el cerebro fue alcanzando sus potencialidades intelectuales, el jefe ya no fue aquel ingenuo que se enfrentaba a las bestias; para ello creó un segundo al mando que –por supuesto– no duraba un mes con vida.

Con la división social del trabajo en la que unos pocos aprendieron a vivir del esfuerzo de muchos, se perfila mejor la figura del jefe. Ya no hay un solo jefe sino un racimo de ellos, pero todos dirigidos por un jefe supremo, cuyas decisiones lo mismo hacían subir a uno al cielo que lo aplastaban contra el suelo; de modo que la palabra del jefe principal adquirió ese crédito definitivo de los cuños oficiales.

El desempeño del jefe fue dando lugar a muchas funciones que hoy llamaríamos inherentes a su cargo. Una de ellas fue la oficina.

No hay jefe sin oficina, ni mejor oficina que la del jefe, ya que no solo es la más confortable, sino la única que tiene lo que nadie.

Un detalle que distingue a esta oficina es que posee cuadros con fotografías cuya presencia supone las simpatías del jefe por esas personalidades. Si un día se le ocurre pintar las paredes y

luego olvida poner esos cuadros, el jefe pudiera estar corriendo un riesgo grande, ya que si bien el hábito no hace al monje, el monje se identifica por su hábito.

La secretaria es importantísima en la vida del jefe, pues debe tratar todos sus asuntos y aprender a conocerlo casi como una madre, de lo contrario, está embarcada.

Hay secretarias que no pueden engranarse con el estilo de trabajo del jefe y terminan pidiendo la baja. Otras logran cogerle la vuelta y permanecen. Pero hay un tipo de secretaria que va para donde trasladen al jefe acompañándolo hasta que se jubile, se escache o lo escachen.

Un personaje que nunca falta en la corte del jefe es ese ser comparable a una hormiguita laboriosa que va y viene para mantenerlo al tanto de lo que hace y dice la gente. Generalmente este personaje no se comporta como un espía secreto, sino todo lo contrario: es un agente público cuya máxima realización consiste precisamente en que todos sepan que él (o ella) es un guataca.

Al principio, cuando llega como un dirigente nuevo, el jefe tiene unos bríos tremendos y se propone cambiarlo todo, como si nada de lo que se hizo antes hubiera valido la pena. En esta primera etapa realiza frecuentes y arduos consejos de dirección, en los que se trazan planes con grandes perspectivas que dan la impresión de que con él las cosas sí van a cambiar de una vez y para siempre. Se quitan a algunos viejos dirigentes, se nombran a otros que cuentan con las simpatías del jefe, y empiezan a aparecer ciertas mejorías porque toda escoba nueva siempre barre bien. Los logros alcanzados disparan la curva de su popularidad hasta el punto que del jefe anterior ya nadie se acuerda.

Pero llega el día en que el jefe comienza a tomar decisiones que no gustan a casi nadie. Este es el momento en que algunos trabajadores –a nivel de pasillo– difunden la opinión de que hace falta un nuevo jefe, y mandan anónimos contra él al ministerio del ramo, al Partido provincial y al Poder Popular donde explican que su secretaria es su amante, que llega tarde y se va temprano, que coge el carro para pasear los fines de semana y derrocha gasolina, y que siempre son los mismos los que salen al extranjero.

Otro modo de intentar perjudicarlo es mediante una especie de guerra santa pero a lo cubano, en la cual sus detractores escriben el nombre de él en un papel de cartucho y se lo ponen en el zapato para pisarlo o en el congelador de su casa para enfriarlo.

Hay jefes a los que no les importan las brujerías ni las acometidas de sus enemigos para tumbarlo del caballo. Pero otros riegan cascarilla en su oficina, y cuando alguien ve ese polvo blanco y le pregunta qué cosa es eso, el jefe dice que se le cayó un poco de talco; lo cual es increíble, pues como el talco está perdido, ya casi nadie acostumbra a usarlo.

Si el pez no puede vivir sin el agua, el jefe tampoco sin reuniones. Hubo una época en que muchos consejos de dirección no se hacían en las oficinas sino en la casa de uno de los dirigentes. Mientras sesionaba la reunión se asaba una pierna de puerco y se comían chicharrones. Luego, al acabar el consejo, se comía y se bebía pantagruélicamente, y al día siguiente nadie sabía dónde estaba el acta de los acuerdos tomados y apenas recordaban los asuntos tratados. Razón por la cual se acabó aquel relajito.

Hoy las reuniones se hacen en los centros de trabajo, y el problema es otro: no pocos jefes se la pasan reunidos, y lo curioso es que se reúnen para plantear más dificultades que soluciones, de manera que las actas de tales acuerdos contienen más asuntos pendientes que resueltos.

Algunas de esas actas suelen ser muy peculiares, ya que hay secretarias que van describiendo todo el proceso del consejo de dirección. Esos documentos, si bien denotan que la secretaria no sabe resumir, tienen –por su contenido y estilo– un considerable valor histórico para conocer la vida cotidiana de los centros laborales, como pudiera ilustrarlo el siguiente fragmento (textual) de una de esas actas:

"Se planteó por parte del administrador del taller que como el inodoro del baño de los hombres no descarga correctamente porque todavía no ha podido solucionarse la pieza que le falta, es necesario comprar un cubo mientras tanto para echarle agua ya que el que había se lo llevaron.

El compañero director interviene para decir que el presupuesto para este año es menor que el del año pasado, y por como pinta la cosa el del año que viene será más reducido; y se compromete a comprar el cubo de su bolsillo, pero dice que hay que designar a una persona para que sea responsable del mismo y mantenga su vigilancia.

La secretaria general del sindicato pide la palabra para autoproponerse como responsable del cubo. El compañero director hace una intervención para preguntarle cómo ella va a asumir la vigilancia del cubo si tiene que cumplir su norma de trabajo más las tareas del sindicato, que son bastantes.

El responsable de mantenimiento toma la palabra para decir que él sugiere otra solución al problema, pues si se consigue una cadena y un candado el cubo pudiera amarrarse al tubo que está debajo del lavamanos. El problema ahora sería buscar a una persona que se responsabilice con la llave del candado.

La secretaria general del sindicato vuelve a pedir la palabra para decir que quien debe responsabilizarse con la llave del candado del cubo es el responsable del área de servicios.

El responsable del área de servicios sin pedir la palabra y un poco alterado, le dice a la secretaria general del sindicato que él no se va a responsabilizar con ningún cubo y mucho menos con la llave del candado, ya que como todo el mundo sabe él casi siempre está en la calle resolviendo problemas.

La secretaria general del sindicato pide la palabra nuevamente para preguntarle al jefe de servicio que ella quisiera saber cuáles son los problemas que él resuelve en el taller, porque desde hace tiempo el inodoro no descarga y él no ha sido capaz de conseguir esa pieza que en definitiva la venden los merolicos de la calle Monte.

El responsable de servicio levanta la mano para pedir la palabra, pero el compañero director dice que se acabó la discusión, y acto seguido le da la palabra a la jefa de producción que hace rato la estaba pidiendo, pero no se la daban.

La jefa de producción plantea que el cubo no es un perro para que lo estén amarrando con una cadena, y que además si llega una visita sorpresiva al centro y ven el cubo amarrado eso dejaría mucho que decir de nuestro establecimiento; por lo cual ella propone que pongan un ojo mágico en el baño para saber quién se llevará el próximo cubo y quién o quiénes además se están llevando los azulejos y los bombillos del baño.

El compañero director da un fuerte golpe en la mesa despertando a la jefa de contabilidad que se había quedado dormida, y grita que él sabía que se estaban llevando los bombillos pero que nadie le había informado que también estaban llevándose los azulejos..."

Como se aprecia, los asuntos tratados en estas reuniones son tan diversos y profundos que bien puede comprenderse por qué algunos consejos de dirección duran tanto.

Es verdad que ser jefe no es cosa fácil, pues además de cargar con sus problemas personales, están todos los de trabajo que van a parar a él como si el jefe fuera un blanco para lanzar dardos. Los trabajadores plantean problemas que él va y discute a instancias superiores, pero como no hay presupuestos o no existen las vías administrativas para resolverlos, el jefe nunca queda bien con nadie.

Por otro lado, no hay nadie más frecuentemente evaluado que un jefe. Además de todas las inspecciones a que lo someten, tiene los ojos de todo el mundo encima, pues la gente está pendiente de la cara que trae cada mañana, la marca de su pantalón y cómo le queda, si las medias le combinan con la ropa, si repite las camisas a menudo o si el cocinero le sirve más y mejor comida que a nadie (cosa que siempre sucede, pues si bien nadie debe pelearse con el cocinero, el cocinero sabe que debe estar en buenas con el jefe).

Si se trata de una jefa, más agudo es el detalle, ya que las empleadas están atentas a cómo le quedó el tinte y el peinado, si está subida de peso y tiene salvavidas, si sabe llevar los zapatos con tacones altos, si tiene varices o patas de gallina, y cuando se ríe están pendientes de hasta donde le llega la boca...

Hay muchos tipos de jefes. Existe el jefe burocrático, que disfruta su posición, y cree que está para ser servido y no para lo que está, que es para servir. Suele ir y venir entre la gente dándose cierta importancia. Pero la cosa cambia cuando un funcionario de mayor rango llega a su despacho. Entonces su conducta experimenta una curiosa metamorfosis, pues no sabe qué hacer para que el peje grande se vaya satisfecho. Este es el momento en que el jefe se parece más que nunca a cualquiera de sus habituales tracatanes.

Hay otros jefes que se cogen tan a pecho aquello de la dictadura del proletariado y su verdadera responsabilidad como dirigentes, que de tanto plantear y querer resolver problemas, llegan a convertirse para sus superiores en una piedra dentro del zapato.

Se suele entender que un jefe es alguien que manda y punto, pero en rigor no hay nadie más agobiado por órdenes que un jefe.

Un verdadero jefe es un esclavo obediente de las normas, y un hombre abierto y cercano a sus subordinados. Debe escucharlos ya que nadie tiene toda la verdad en la mano. Cristo fue

Rey de reyes, el mismo Dios hecho hombre, y se sentó en la tierra para hablar con los pobres. Pero a gran parte de los jefes, eso se les olvida. De otra manera, el mundo fuera diferente.

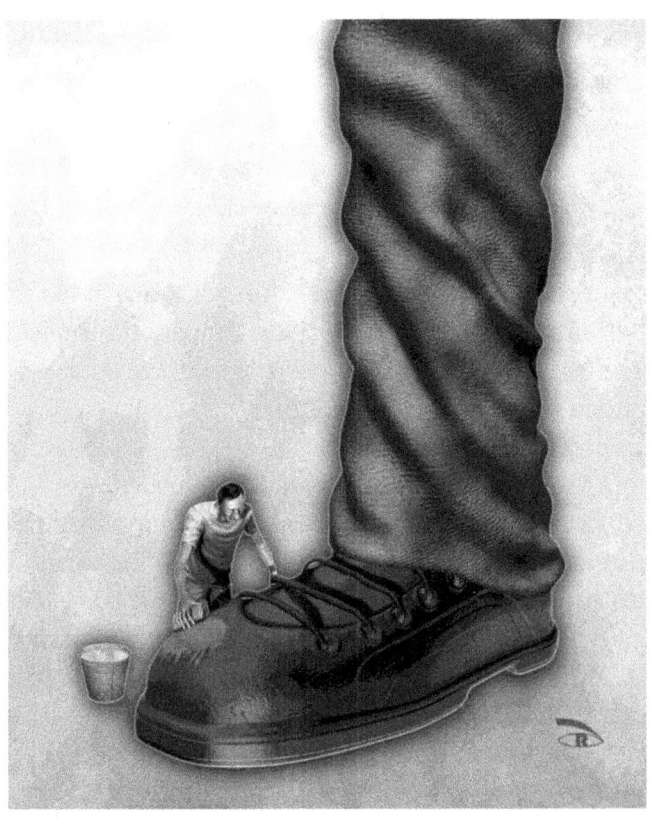

EL GUATACA

El guataca, chicharrón o tracatán –da lo mismo– es un tipo social tan viejo como el hombre.

La guataquería es una actitud repulsiva, pero reporta tantos beneficios al guataqueado que hay que admitir que los guatacas son seres indispensables.

Así como la materia orgánica en estado de descomposición genera gusanos, dondequiera que se ejerce autoridad se multiplican los tracatanes. Son como partes de una plantilla extraoficial de la oficina del jefe. Y mientras más notable es el jefe, más chicharrones. Los guatacones se lo disputan, se odian entre sí –aunque lo disimulen– estableciendo discretas y sutiles competencias para demostrar cuál de ellos es el más eficiente, es decir el más guataca.

No se sabe ciertamente sobre el origen de los tracatanes. A veces parece que es congénito, ¿pues cómo se explica que haya niños que antes de saber leer y escribir ya estén atentos al que va a tirar la tiza, el que se hizo pipi en el pupitre o echó el papel en el suelo para decírselo al maestro?

Generalmente el chicharrón es un ser a quien la vida –por tal o cual circunstancias– le ha echado tierra y dado pisón. Son como estrellas apagadas que perdieron su luz propia, y se limitan a ser como la mano derecha del jefe.

Sin embargo la guataquería no es solo una costumbre apreciada entre las personas sin rango. Hay jefes que también son guatacones. De ahí que una escala jerárquica de dirigentes sea como un escalafón de chicharrones, donde los de abajo les guataquean a los de arriba, aunque siempre haya sus excepciones.

A fuerza de ser tan servidos y recibir tantos favores, hasta los buenos jefes se acostumbran a vivir rodeados de esas moscas que son los chicharrones. Y si algún subordinado no asume esa actitud el jefe supremo confunde esa entereza de principios con una falta de consideración hacia su persona. Por eso a veces cuesta ser como se debe o decir lo que se piensa, sobre todo cuando eso que se piensa no se aviene a la opinión, el gusto o a los planes del jefe.

Este es el momento en que los que no son chicharrones empiezan a ser considerados como la papa podrida del saco, el sujeto inconveniente, el rebelde "sin causa" (aunque la tenga). Y lo mascan, pero no lo tragan, y si lo tragan es para que los ácidos estomacales lo disuelvan. No forma parte del clan, del grupito..., no es ni puede ser –como Los Van Van– de la Gran Escena, ya que en la Gran Escena casi solo pueden figurar los chicharrones con sus máscaras y roles turbios, sus ansias de poder y la pretensión de que es un miembro de la corte del jefe.

Lo peligroso del guataca es que a veces el jefe le da tanta ala –o él se la coge– que llega a creerse un montón de cosas; y va y viene por el taller o las oficinas con soberbia dando órdenes a diestra y siniestra. Y como el jefe casi nunca ve más allá de sus narices atareado en recibir visitas, leer y firmar documentos, el guataca se dedica a espiar para luego informarle sobre lo que es y no, y así socavan prestigios bien ganados, ya que detrás de todo chicharrón se oculta un envidioso.

La guataquería es la reminiscencia moderna de la esclavitud. Y como en toda peligrosa relación de servidumbre, el siervo le sirve al amo, pero le esconde una carta por si algún día la balanza ya no se inclina de su lado, echarla sobre la mesa. Y eso es lo peor del guataca, que es un ser sin patria ni bandera. Del último que llega.

A pesar de todo, la guataquería es indestructible. Persistirá con cada una de las formas en que se manifiesta el poder.

La vida es una curiosa lucha de relaciones. Bien la han comparado con un juego de ajedrez cuya dinámica se basa en una serie de movimientos inspirados por sutiles estrategias. La posición del guataca en ese juego es la del peón que ansía llegar al otro lado del tablero para que lo conviertan en una pieza fuerte.

El chicharrón es un parásito aferrado a la piel de ese vasto mundo de la jerarquía y de la autoridad; pues no hay tracatanes que les guataqueen a las personas sencillas ni de buen corazón pero humildes, ni guatacones de personas talentosas pero sin fortuna. No hay guataca que labore en las tierras poco fértiles de la pobreza material y la humildad de espíritu, porque de ahí ningún provecho saca el guatacón.

EL DALE AL QUE NO TE DIO

"Si nos fuera lícito adjudicarnos el título de escritor satírico, confirmaríamos que solo en momentos de tristeza nos es dado aspirar a divertir a los demás"

Mariano José de Larra

En la niñez acostumbrábamos a jugar al dale al que no te dio. El juego, que era más bien un retozo, consistía en darle un manotazo a otro muchacho diciéndole: "Dale al que no te dio", y aquel se lo tenía que devolver a cualquiera excepto al que se lo dio.

La dinámica de este juego se parece a un tipo de proceder generalizado en nuestra sociedad.

¿Qué es una recepcionista con problemas familiares? Una bomba de tiempo, pues va cargada de energía negativa a trabajar. Cuando alguien se dirige a ella para solicitar sus servicios, la empleada revienta tratándolo mal.

Si los problemas de la recepcionista son laborales, igual: el que paga sus sinsabores es el usuario y no el causante de su incomodidad.

El usuario sale como una bala de aquella oficina con mal humor. Luego amablemente un tipo le pregunta la hora, pero él, que está cocinándose en el caldo hirviente del recuerdo del maltrato que recibió, se hace el chivo loco. "Qué hora ni hora –piensa más o menos así–, que vaya a saber la hora a radio Reloj"

El dale al que no te dio se constata claramente en la relación que se establece entre un dependiente y su cliente. Es como si ambos jugaran al gato y el ratón.

El dependiente trata de quitarle algunas onzas al producto que el cliente ha seleccionado para comprar; pero éste, ni corto ni perezoso, se mantiene a la expectativa de que se lo despachen bien. Sin embargo a pesar de que el cliente esté atento al pesaje del producto, el dependiente, con la habilidad de un mago, logra, en el peor de los casos, tumbarle dos onzas.

Se le llama dependiente, pero ¿de qué o de quién depende el dependiente? ¿Del salario que le paga la administración? Todos sabemos que no. Si fuera por el salario, en muchos establecimientos comerciales no habría dependientes de carne y hueso, sino robots.

Los que participan del dale al que no te dio en la dinámica social, actúan compulsados por un criterio que más o menos pudiera resumirse así: "si tú perjudicas mis intereses y no puedo cobrártelas, no importa: me la desquito con el que pueda". Es como una guerrita sutil y solapada, en la que unos pretenden aprovecharse de otros.

Solo así puede explicarse por qué ciertas personas neurotizadas por un sinfín de causas íntimas, familiares o sociales, se empeñan en descargar sus sinsabores con quienes no son culpables de sus frustraciones; o por qué cuando en el mercado se pierde el huevo, el detergente o la frazada de piso, aparecen algunos individuos en esquinas o soportales públicos que nos ofrecen aquellos productos pero a precios para muchos impagables.

Así también se explica el proceder de ciertos empleados de servicios públicos que, con el pretexto de que el salario no les alcanza ni para empezar, priorizan en su trato a los clientes que les dan regalitos, en perjuicio de los otros que no pueden o entienden que no tienen por qué dárselos.

Nunca olvidaré aquellas nueve y media de la mañana del 15 de julio de 2010 en la estación de Barcelona, donde, por exceso de equipaje, no me permitían pasar al AVE (tren de alta velocidad) para dirigirme a Madrid. Desesperado por arreglar aquel problema a lo cubano, le extendí 30 euros a la empleada, quien, al ver el dinero, se le transfiguró la cara.

—Dios me libre —dijo, y me dio la espalda.

Me mató con eso.

Para pasar al AVE yo tenía que dejar una de mis dos maletas. Una maleta, Dios mío, pensé, nada menos que una maleta, y no había modo de cuadrar con ellos. Y ese mismo día, a las cinco de la tarde en Barajas, yo debía coger el avión de regreso a La Habana. Si perdía aquel tren, no llegaba al aeropuerto a tiempo. De modo que debía dejar una maleta, ¿pero dónde? No tenía con quien dejarla. La solución que se vislumbraba era perderla.

Desesperado por esta situación, en la que no quería perder la maleta ni el avión, pero solo disponía de media hora para abordar el tren, fui a la sala de espera con mis dos maletas y una mochila a la espalda cargada de libros, donde, más muerto que vivo, me senté en una butaca. Estaba como vacío por dentro, sin saber ya qué decirles a aquellos empleados para convencerlos, cuando me vino a la mente la Virgen de Regla. Cada vez que estoy al bate en tres y dos, con dos outs, las bases llenas y mi equipo perdiendo, la virgen me da la seña. Y me puse a rezarle; a rezarle a lo cubano pero desde la médula, como si ella estuviera sentada en la butaca que me quedaba al lado en aquel enorme salón de espera. Sacándole una especie de trapito sucio le dije: "Ay, Virgen de Regla, yo que fui solito y con miedo hasta el sur del España para ver tu imagen original en aquel convento de Chipiona, donde el diablo dio las tres voces, y me gasté cincuenta euros en pasaje..., no permitas que tenga que dejar esa maleta con ropa para mi familia ni pierda el avión"

Y en eso me llamó el sobrecargo. Se compadecieron del cubanito nada ligero de equipaje después de una breve junta de empleados. El sobrecargo me dijo, con cierto tono de regaño, como si yo fuera un niño y él el director de un colegio:

—Fíjese, le vamos a dejar pasar, PERO, para la próxima, instrúyase bien sobre el peso del equipaje establecido.

Yo no sabía si volver a Chipiona para darle gracias a la virgen de Regla o si irme corriendo a coger el AVE. Estaba tan pero tan contento que casi nada faltó para abrazar al sobrecargo. No lo hice porque era un catalán con cara de perro bóxer, y con esta gente no se sabe.

Para resolver el problema nada pudo aquí el dinero, que dicen que es la vida y lo llaman poderoso caballero.

Lo más preocupante del dale al que no te dio consiste en que, siendo un modo de suplir algunas de nuestras carencias, se ha convertido entre nosotros en una forma picaresca y relajada de convivir; en la cual, como dice el refrán, a veces pagan justos por pecadores. Y hasta los justos aprenden a dar sus golpes.

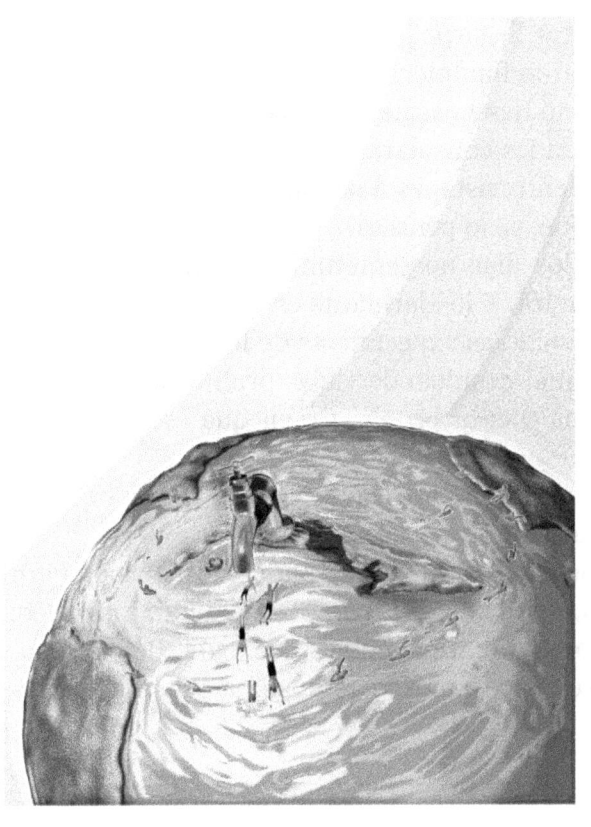

LA PILA ROTA

Los cubanos siguen yéndose del país. Parece que no existe modo de contener el chorro de esta pila rota. No hay plomero, técnico ni ingeniero que la enmiende. La gente se va a la primera, la segunda o tercera edad.

Primero Camarioca, después los sucesos de la embajada del Perú, luego los balseros. Pero entre una y otra de estas grandes hemorragias migratorias, no han parado de sangrar las salidas legales, las ilegales, más todos los que un día se fueron para regresar y se quedaron.

¿Cuántos llegaron? ¿Cuántos no? Sobre todo estos últimos: se arriesgaron finalmente por la nada.

El que no tiene pasaje para irse ya consiguió la entrevista con las autoridades consulares. El que no ha resuelto el turno para la célebre entrevista, está luchando por él. El que todavía no ha pensado irse, ya lo pensará.

Todos los días nos enteramos de alguien que se fue o que mañana se irá. Y lo alarmante es que cada vez quieren ser más. No les animan las expectativas de los nuevos lineamientos económicos ni el deshielo de viejas prohibiciones, ni ese boom del trabajo por cuenta propia. Creen que ese bicho los picó otras veces.

Resultado: una parte de la familia aquí y otra allá. Es como un descuartizamiento del cuerpo social.

Nos hemos habituados a vivir con este éxodo permanente de tal modo, que cuando sabemos que alguien se va recibimos la noticia como tomarnos un vaso de agua. Pero si uno se sienta a pensarlo en frío, si uno se detuviera a pensarlo bien, se echaría a llorar

INDICE

VERDADERA HISTORIA DEL BACHE, EL DIENTE Y EL BARCO 7

ALASKA 15

MIRANDO EL CRUCERO 21

J. B. SOÑABA CON LIVERPOOL 23

EL VIAJE 27

LAS VACACIONES 33

EL PARQUE 39

LAS ESTRATEGIAS DE LA ILUSIÓN 43

LA GUAGUA 49

EL TAXISTA A LO CUBANO 55

LA DUALIDAD DE MELERO 59

EL JUBILADO 63

EL VIEJITO DEL PARQUE 67

LA DUDA 69

EL FUNERAL 72

ESPERANDO AL CARNICERO 77

LUCHANDO LA BOTELLA 81

TIPOLOGIA DE LA SONRISA 87

LA LOTERÍA 93

LA PELOTA 99

LAS VISITAS IMPORTANTES 103

LOS QUINCE 107

CUQUITA MARTINA 113

HASTA SHERLOCK GÓMEZ 117

SE CORROMPE 117

POR LA BANDERA 122

LA DAMA DEL PERRITO 131

QUE VIVA EL GORDO 137

LA ENVIDIA 139

EL PLATANITO 143

EL JEFE 148

EL GUATACA 155

EL DALEAL QUE NO TE DIO 159

LA PILA ROTA 163

MIGUEL SABATER REYES (La Habana, 1960), graduado de Licenciatura en Filología en la Facultad de Artes y Letras de la Universidad de La Habana. Ha publicado Cuentos de Orichas (Editorial Extramuros, La Habana 2003), Flores para una Leyenda (novela, Ediciones Boloña-Ediciones Unión, 2005), Sabeatierra (Ediciones Vivarium, La Habana, 2012). Es miembro del Consejo de Redacción de la revista Palabra Nueva de la Arquidiócesis de La Habana, donde ha publicado artículos, crónicas, entrevistas y reportajes. Actualmente se desempeña como director del Archivo Histórico de la Arquidiócesis de La Habana.

Ochenta años después de la muerte del proxeneta Alberto Yarini, ocurrida por motivos pasionales en 1910, en el barrio de San Isidro, un joven historiador visita la tumba del legendario chulo para cumplir la promesa contraída con un amigo. Un misterioso búcaro que siempre tendrá flores frescas sobre el sepulcro del proxeneta, le estimula a emprender una investigación en la que afloran vivencias de la vida del protagonista Luis Fernández Figueroa y su relación amistosa con el mítico personaje.

Flores para una Leyenda

YARINI, EL REY DE SAN ISIDRO

Miguel Sabater Reyes

MIGUEL SABATER REYES
(La Habana, 1960)

Es licenciado en Filología en la Facultad de Artes y Letras de la Universidad de La Habana. Ha publicado "Cuentos de orichas" (Editorial Extramuros, La Habana, 2003), "Flores para una leyenda, Yarini, el Rey de San Isidro" (Editorial Unos y Otros, Miami, 2013), Sabeatierra (Editorial Unos y otros, Miami, 2013). Es miembro del Consejo de redacción de la revista Palabra Nueva de la Arquidiócesis de La Habana, donde ha publicado artículos, entrevistas, crónicas y reportajes. Actualmente es Director Técnico del Archivo Histórico Diocesano del Arzobispado de La Habana.

En "Los últimos días de Jaime Partagás" se relatan las extrañas circunstancias de la muerte del tabaquero catalán radicado en Cuba acontecida en 1868. A través de la crónica novelada, el autor adentra en la narración progresiva de los acontecimientos, las entrevistas a que fueron sometidos los sospechosos del atentado dirigido contra Partagás, así como elocuentes fragmentos de documentos contenidos en la auténtica investigación criminal con pasajes de la vida y del quehacer empresarial del notable comerciante de una de las marcas de tabacos más afamadas y cotizadas de Cuba. Sugestiva y dinámica narración de carácter histórico, animada por el creciente suspenso de una trama policial, en la que se mezclan, de un modo sutil, los artificios de la literatura y el periodismo, para ofrecernos una fiel semblanza de Jaime Partagás, destacada figura del comercio habanero y uno de los precursores de la industria tabaquera cubana.

LOS ÚLTIMOS DÍAS DE JAIME PARTAGÁS

MIGUEL SABATER REYES

http://www.unosotrosculturalproject.com/

www.ingramcontent.com/pod-product-compliance
Lightning Source LLC
Chambersburg PA
CBHW071505040426
42444CB00008B/1498